Chemie für den Friseur

Ein Leitfaden für den Chemie-Unterricht der Friseure an den Fach- und Berufsschulen

und die Fachlehrgänge der Volkshochschule,

ein Ratgeber für die Gesellen- und Meisterprüfung

von

Friseurmeister Günter Staps

Fachdozent der Volkshochschule Apolda

Vorsitzender der Mode- und Fachkommission

Arbeitsgemeinschaft Thüringischer Verleger

HEINRICH KILLINGER VERLAGSGESELLSCHAFT m. b. H.

NORDHAUSEN AM HARZ

ISBN 978-3-8311-4457-0

Unveränderter Nachdruck der Ausgabe von 1952
Herstellung: Books on Demand GmbH

Copyright by Heinrich Killinger Verlagsges. m. b. H., Nordhausen
In der Arbeitsgemeinschaft Thüringischer Verleger
Lizenz-Nr. 271 · Gen.-Nr. 130/75/51
Satz und Druck: Buchdruckerei Oswald Schmidt, Leipzig III-18-65

VORWORT

Das vorliegende Fachbuch soll die Fachchemie in leichtverständlichen Ausführungen behandeln. Hierzu brauchen keine hohen Schulen besucht zu werden, sondern man braucht dieses Buch nur zu lesen, durchzudenken und sich den Inhalt einzuprägen. Nach einer Einführung in die Chemie und nach der geschichtlichen Entwicklung werden nur die für unseren Beruf wichtigen Gebiete der Chemie behandelt.

Ich beobachte oft, daß sich Friseure bedauerlicherweise häufig nicht darüber klar sind, daß bei falscher Anwendung und nicht richtiger Handhabung von Chemikalien nicht nur die Gesundheit des Kunden, sondern auch oft die eigene gefährdet ist. Um dieses zu vermeiden, muß der Friseur über die Bestandteile der einzelnen Chemikalien unterrichtet und mit ihrer Anwendung und Auswirkung vertraut sein. Es ist vielfach erwiesen, daß die Ausführung verschiedener Facharbeiten, wie z. B. das Färben, Blondieren, Dauerwellen (heiße, lauwarme oder kalte) usw., gewisse chemische Kenntnisse voraussetzt.

Dieses Fachbuch ist nach pädagogischen Richtlinien zusammengestellt, es geht vom leichten zum schweren Lehrstoff über. In erster Linie soll es ein Leitfaden des Fachlehrers sein, um der Berufsjugend zu einem fortschrittlichen Berufsdenken und zu einer Grundlage zu verhelfen, auf der jeder durch und neben seinen praktischen Arbeitserfahrungen sein Können aufbauen kann. Der Friseur soll in diesem Fachbuch mit allen bei seinen praktischen Arbeiten vorkommenden Chemikalien vertraut gemacht werden, damit er seine Arbeiten mit größter Genauigkeit und Sicherheit ausführen kann. Um die behandelten Gebiete wirklich interessant zu gestalten und das Lernen zu erleichtern, werden leichtverständliche Anleitungen für geeignete Experimente gebracht. Gehen wir davon aus, daß die so geschulten Lehrlinge geprüft werden sollen, so ergibt sich, daß auch Prüfungskommissionsmitglieder Anleitungen für die Prüfung in diesem Fachbuch vorfinden werden.

Ich hoffe, daß das Buch dazu beiträgt, die berufliche Leistung des Friseurs durch ein größeres Verständnis der Vorgänge zu sichern und zu verbessern, und daß ihm diese Schrift jederzeit ein treuer Ratgeber und Freund sein wird.

Halle, im Herbst 1952   Günter Staps

INHALTSÜBERSICHT

Aus der Geschichte der Chemie

Chemie und Alchimie

Der Begriff Chemie hat sich in der Vergangenheit zuerst bei den Arabern und den Griechen gefunden. Man bezeichnete die Chemie bei den Arabern mit „Kimija", welches soviel wie „Substanz" bedeutete. Bei den Griechen stand die Chemie unter der Bezeichnung „Chymkos", dieses besagte soviel wie „die Säfte". Umwandlungen der Stoffe waren mit diesen vorstehenden Namen bedacht. Aus den griechischen, orientalischen und ägyptischen Vorstellungen über die Verwandlungsfähigkeit der Stoffe entstand die Alchimie. Menschen, in der Hauptsache Sklaven und Unfreie, welche die Alchimie betrieben oder betreiben mußten, bezeichnete man als Alchimisten. Diese Alchimisten glaubten, daß man aus unedlen Metallen Gold erzeugen könnte, wenn man nur erst das richtige Mittel dazu, nämlich den „Stein der Weisen" gefunden hätte. Dieser Gewinnung des „Steines der Weisen" galt daher ihr ganzes Bemühen vom Altertum bis zur Neuzeit. Dem „Stein der Weisen" oder wie man noch sagte dem „Großen Elixier" (Zaubertrank) schrieben sie außergewöhnliche Heilkräfte zu und hatten den Glauben, daß man durch seinen Genuß langes Leben oder gar die ewige Jugend erhalten würde.

Als erste große Erfindung der Menschheit kann man die Entfachung des Feuers vor etwa 500000 Jahren betrachten, durch dessen Hilfe sich das Leben der Menschen neu gestaltete. Die Ägypter kannten schon die Technik, aus Erz Eisen zu gewinnen. Des weiteren verstanden sie, Ton zu brennen. Auch der Farbstoff aus der Purpurschnecke zählte zu ihren Kenntnissen. Sodann hatten sie geeignete Mittel gefunden, um Leichen vor Fäulnis zu bewahren. Die Leichname der Könige oder Fürsten wurden mit Alaun und Salz eingerieben, nachdem die inneren Organe dem Leichnam entnommen waren. Eine sehr gebräuchliche Sitte war, bei Festen den Gebrauch „der Becher des Schweigens" anzuwenden. Dieser „Becher des Schweigens" enthielt das Gift der bitteren Mandel, mittels dessen man bestimmte auserwählte Teilnehmer solcher Feste in das Jenseits brachte. Dieses betrachtete man damals allerdings nicht als eine Trauerfeier, sondern es entspann sich hieraus ein Freudenfest.

Die Herstellung all dieser chemischen Mittel wurde größtenteils, wie schon erwähnt, von Sklaven ausgeführt. Die Kenntnisse, welche noch sehr mangelhaft waren, gelangten im 12. und 13. Jahrhundert durch die Araber über

Spanien nach Europa. In Europa fand die Alchimie sofort viele Anhänger. Diese Alchimisten befaßten sich in Deutschland damit, genau wie in den übrigen Ländern, Gold zu erzeugen. Diese Sucht konnte man als Krankheit bezeichnen, in welche die Menschheit damals verfallen war. Viele solcher Alchimisten hatten sich schon eigene Laboratorien eingerichtet, hier wurde der letzte Goldtaler eingeschmolzen und sie gaben sich dem Wahne hin, daß aus dem einen wohl hundert und mehr Goldtaler erschmolzen werden könnten. Man kannte in diesen Laboratorien schon viele Geräte, welche noch heute zur Anwendung kommen, wie z. B. Mörser, Tiegel, Dreifußgestelle u. a. m. Wohin führte aber diese damals mit ,,Schwarzer Kunst'' oder ,,Hexerei'' bezeichnete Chemie? Der Zusammenbruch der Familie und der Weg ins Armenhaus waren die Enderfolge dieser wahnsinnigen Goldgier.

Wenn wir heute die Goldmacherei der Alchimisten beurteilen, dürfen wir nicht vergessen, daß die meisten von diesen nur durch schlechte Beobachtung und falsche Auslegung der Versuche in die Irre geleitet waren. Die Chemie verdankt den Alchimisten aber auch zahlreiche wertvolle Entdeckungen und Erfindungen. Erwähnt sei hier nur die Erfindung des Porzellans oder, wie man es nannte, ,,das Weiße Gold'', durch den Alchimisten Böttger.

2. ABSCHNITT

Aus dem Leben großer Chemiker

Paracelsus

Der berühmte deutsche Arzt und Naturforscher Theophrast Bombast von Hohenheim wurde Paracelsus (Abb. 1) genannt. Er war der erste, der die Goldmacherei der Alchimisten mit Erfolg bekämpfte. Er forderte von der Chemie, daß sie sich ausschließlich in den Dienst der kranken Menschheit zu stellen und damit dem Volke, nicht aber der Habgier einzelner zu dienen habe. Mit Paracelsus, der viele Anhänger fand, begann das Zeitalter der medizinischen Chemie (1493–1541).

Paracelsus ist am 10. November 1493 in Einsiedeln in der Schweiz geboren. Er stammt aus dem alten schwäbischen Geschlecht der ,,Bombaste von Hohenheim'', die ihren Adelssitz bei Pliesingen an der Donau hatten. Ein Arzt von Gottes Gnaden und einfacher Mann war sein Vater, welcher den Jungen schon frühzeitig auf seinen Krankenbesuchen mitnahm. Er wurde schon in jungen Jahren in die Geheimnisse der Medizin und der Alchimie eingeführt. Auch lehrte ihn sein Vater die verschiedenen Heilkräuter kennen. Auf einer süddeutschen Universität, welche er nach dem Durchlauf einer Klosterschule besuchte, erwarb er große Kenntnisse auf dem Gebiete der Heilkunde und errang hierauf die Doktorwürde auf der damals berühmten italienischen Universität Ferrara. Dieser wißbegierige Mann durchwanderte rastlos fast ganz Europa, namentlich aber Süddeutschland und Österreich. Überall, wohin er kam, brachte er den Kranken und Siechen Heilung oder Linderung ihrer Leiden. Er fühlte sich vornehmlich verpflichtet, den Armen der Ärmsten zu helfen. So kam es, daß dem ganz einfachen, aber eigenwilligen und selbstbewußten deutschen Manne märchenhafter Ruhm angedichtet wurde. Er lebte daher in den Volkskreisen noch lange Zeit als Wunderdoktor fort. Am 24. September 1541 vollendete er sein Leben in Salzburg und liegt dort bei der Kirche St. Sebastian begraben.

Abb. 1. Theophrast Bombast von Hohenheim (Paracelsus)

Carl Wilhelm Scheele

Einer der größten Apotheker und Chemiker aller Zeiten war Carl Wilhelm Scheele (Abb. 2), welcher durch seine berühmte ,,Chemische Abhandlung von der Luft und dem Feuer" aus dem Jahre 1777 den wichtigsten Beitrag zur Erforschung der Verbrennungserscheinungen geliefert hat. Er entdeckte schon im Jahre 1771/72 den Sauerstoff und nannte ihn Feuerluft oder Atmungsluft. Auch das Chlor und viele andere Stoffe kann man zu seinen Entdeckungen rechnen.

Carl Wilhelm Scheele wurde am 9. Dezember 1742 in Stralsund geboren. Stralsund gehörte damals — Folge des 30jährigen Krieges — zu Schweden. Seine Eltern und Vorfahren waren seit Jahrhunderten in Vorpommern und Norddeutschland seßhaft. Mit 15 Jahren kam er zu einem deutschen Landsmann, dem Apotheker Martin Bauch in Gotenberg in Schweden, in die Lehre. Seiner Leidenschaft zu experimentieren gab er dort freien Lauf, woran ihn der sehr verständnisvolle Apotheker auch nicht hinderte, sofern es außerhalb der Arbeitszeit geschah. Er durchforschte die Schriften aus der Bücherei des Apothekers und stellte bis tief in die Nächte hinein seine Versuche an. In einer Nacht gab es plötzlich einen gewaltigen Knall, der die

Abb. 2. Karl Wilhelm Scheele

Apotheke in ihren Grundmauern er-
zittern und ihre Bewohner aus den Bet-
ten stürzen ließ. Eine unvorhergesehene
Explosion war die Ursache, so berich-
tete Scheele, als er gänzlich unversehrt,
aber etwas blaß, die Stiege herunter-
kam und es den aufgeschreckten Haus-
bewohnern beichten mußte. Der Apotheker ließ ihn trotzdem weiterarbeiten,
schrieb aber Scheeles Vater, er fürchte,
der Junge könnte seine Gesundheit
schädigen, wenn er seine nächtlichen
Studien mit seiner Leidenschaft weiter
betriebe.

Nach der Lehre besuchte Scheele Malmö,
Stockholm und Upsala, blieb aber überall nur kurze Zeit. Mit 32 Jahren wurde
er in die schwedische Akademie der
Wissenschaften in Stockholm gewählt
und erfuhr damit die höchste Ehrung,
die einem Forscher damals zuteil werden. konnte. Zwei ehrenvolle Beru-
fungen zum Professor der Chemie nach Berlin und nach England lehnte er
ab. Als einfacher Apotheker ging er nach Köping, einer kleinen Stadt am
Mälarsee, und blieb dort bis an sein Lebensende. Für seine glänzenden Experimente, die er mit unverminderter Leidenschaft neben seinem Berufe
weiterführte und welche die wissenschaftliche Welt in Staunen setzten, hatte
er die Hälfte einer aus Brettern aufgebauten Hofscheune zur Verfügung. Die
gesundheitsschädliche Kälte, Feuchtigkeit, schlechtes Licht und gefährliche
chemische Dämpfe und Gase beachtete er in seiner Arbeitsstätte nicht, bis
sie, viel zu früh, seine Gesundheit untergraben hatten. Zu Ehren seiner ge-
liebten Wissenschaft opferte er seine Gesundheit und somit auch sein Leben
und starb mit 43 Jahren am 21. Mai 1786.

Antoine Laurent Lavoisier

Antoine Laurent Lavoisier (Abb. 3) spielte im Zeitalter der Entwicklung der
quantitativen Chemie eine große Rolle. Weder dem Deutschen Carl Wilhelm
Scheele noch dem Engländer Joseph Priestley, die beide unabhängig voneinander den Sauerstoff entdeckt hatten, ist es gelungen, die Rolle dieses
Grundstoffes bei den Verbrennungserscheinungen richtig zu deuten. Erst
dem Franzosen Lavoisier gelang dies durch seine berühmten Versuche im
Jahre 1777. Lavoisier verdankt seinen Erfolg der Anwendung einer guten

Waage und zielbewußten Untersuchung der Gewichtsverhältnisse bei den Verbrennungs- oder Oxydationsvorgängen. Somit wurde auch in der Folgezeit bei chemischen Untersuchungen die Waage das wichtigste Gerät.

Am 26. August 1743 wurde Antoine Laurent Lavoisier als Sohn eines Advokaten zu Paris geboren. Er studierte zuerst Rechtswissenschaft, ging aber bald, seiner Neigung folgend, zu den Naturwissenschaften über. Durch die Wohlhabenheit seiner Eltern konnte er sein Studium auf eine breite Grundlage stellen und nicht nur Physik, Chemie und Botanik, sondern auch Mathematik, Mineralogie und Philosophie gründlich studieren. Gute Grundlagen für seine Erfolge bildete neben seiner genialen Veranlagung ein trefflich ausgestattetes Laboratorium.

Abb. 3. Antoine Laurent Lavoisier

Obwohl er sein reiches Wissen und Können nach besten Kräften seinem damals bedrängten Vaterlande zur Verfügung gestellt hatte, wurde er am 8. Mai 1794 ein Opfer der am 14. Juli 1789 beginnenden französischen Revolution.

Justus von Liebig

Justus von Liebig (Abb. 4) zählt zu den Vorkämpfern für die Nahrungsfreiheit und stand hier in vorderster Reihe, da er der erste war, der dieses Problem chemisch wissenschaftlich anfaßte. In seiner Düngelehre hat er folgenden Satz ausgesprochen: „Empfängt der Boden von allen den Stoffen, die er an die Pflanzen abgegeben hat, nichts zurück, so muß ein Zeitpunkt eintreten, wo er an eine neue Saat keinen dieser Bestandteile mehr abgeben kann, wo er völlig erschöpft, unfruchtbar selbst für Unkrautpflanzen werden muß." Der Ertrag des Bodens hat sich, seitdem man Liebigs Anregungen folgend, zur planmäßigen Anwendung künstlicher Düngemittel übergegangen ist, verdreifacht. Auch auf anderen Gebieten der Chemie sind seine Erfindungen von großer Bedeutung.

Justus von Liebig ist am 12. Mai 1803 in Darmstadt geboren. Väterlicherseits stammt er aus einem kernhaften, uralten hessischen Bauerngeschlecht. Sein Vater, der einen Drogen- und Farbenhandel betrieb, arbeitete sich aus

Abb. 4. Justus von Liebig

der Kleinbürgerschicht des Großvaters, der Schuhmachermeister in Darmstadt war, zu einer gewissen Wohlhabenheit empor. Seine Mutter zeichnete sich durch gesunden Menschenverstand, praktischen Sinn und schlagfertigen Humor aus, Eigenschaften, welche sich auf den Sohn vererbten. Justus wurde auf das Gymnasium geschickt, das er aber schon aus Sekunda verließ, weil ihm die alten Sprachen nicht lagen. Wenn er von seiner Mutter gesucht wurde, so brauchte sie nur bei den in der Nähe gelegenen Werkstätten der Seifensieder, Gerber, Färber, Schmiede und Messinggießer zu suchen, denn hier war er zu Hause; jeder Handgriff dieser Handwerksmeister war ihm vertraut. Auch auf dem naheliegenden Darmstädter Markt gab es gewisse Anziehungspunkte für den jungen Liebig. Dort stellte z. B. ein wandernder Hexenkünstler vor den Augen der Zuschauer das Knallsilber her, womit er seine Knallerbsen füllte. Mit den Schulbüchern unter dem Arm drängte sich eines Tages Justus Liebig durch die Menge und beobachtete mit seinen großen, dunklen Augen gespannt jede einzelne Handlung dieses Hexenkünstlers. Er verfolgt genau den Arbeitsvorgang und sieht, wie dieser das Silber in eine Flüssigkeit wirft, in der es sich unter Entwicklung brauner Dämpfe auflöst. Justus erkennt weiter, daß die Lösung dann mit einer nach Branntwein riechenden Flüssigkeit zusammengegossen wird, alles zu brodeln und zu rauchen anfängt und sich schließlich das Knallsilber kristallinisch ausscheidet. Nach diesen Beobachtungen eilte er sofort heim und stellte die eben gesehenen Versuche an. In ihm flammte eine wahre Begeisterung auf, als ihm dieses Experiment geglückt war. Es mag dahingestellt bleiben, ob der Ausschluß aus der Schule auf seinen schlechten Leistungen beruhte oder ein zur Zeit ausgelöster Knall seiner Knallsilbers die Veranlassung war. In ihm lag eine große Veranlagung und ein unbezwinglicher Hang zur Chemie, die hier seinen Lebensweg zum ersten Male kreuzten. Später als gereifter Mann erzählte Liebig noch oft, wie die Mitschüler und Lehrer in ein großes Gelächter ausbrachen, als er nach der Strafpredigt des Rektors auf die Frage, was er werden wollte, antwortete, er wolle Chemiker werden. Denn damals gab es solches Studium überhaupt noch nicht. In Heppenheim an der Bergstraße kam er mit 14½ Jahren in die Apothekerlehre. Das Füllen von Arzneiflaschen und Pappschachteln sowie das Pillendrehen und daneben noch die groben Handreichungen, die einem Lehrling nicht erspart bleiben, konnten seinen Heißhunger nach Vertiefung in seine Wissenschaft durch eigene Versuche nicht befriedigen. Als er aber mit den Stoffen und Geräten des Apothekers Versuche anstellte, bei denen das Fensterkreuz samt den Scheiben das Opfer seiner Versuche wurde, gab es eine Auseinandersetzung mit dem Apotheker, und Liebig beschloß, aus der Apotheke heimlich nach Darmstadt zu fliehen. In Darmstadt blieb er zunächst bei seinem Vater und arbeitete in dem Laboratorium, welches sein Vater auf der Kuhschwanzwiese in einem Gartenhäuschen vor der Stadt eingerichtet hatte. Hier stellten sie mancherlei Stoffe selbst her, die sie sonst für teures Geld aus den Fabriken beziehen mußten.

Aus der Hofbibliothek entlieh er sich viele Bücher, welche ein gutes Hilfsmittel für ihre gemeinsame Arbeit waren. Unter diesen Büchern befand sich auch eines, woran der Vater erst die große Begabung seines Sohnes entdeckte, als er ihn beim Lesen dieses Buches beobachtete. Auf das Drängen seines Sohnes schickte ihn der Vater im Oktober 1820 nach Bonn zum Studium der Chemie, von wo er bald seinen Eltern gute Erfolge mitteilen konnte. Zum Verständnis der Fachausdrücke fehlten ihm nun die Fremdsprachen, welche er in der Schule versäumt hatte und nun im Privatunterricht mit größtem Interesse nachholte. Außer Latein und Griechisch lernte er noch Französisch, um auch in dieser Sprache erscheinende Werke und Abhandlungen lesen zu können. Nachdem er auch in Erlangen erfolgreich studiert hatte, erhielt er vom Großherzog Ludwig I. von Hessen einen Reisezuschuß für ein mehrjähriges Studium in Paris. Nach seiner Rückkehr von Paris nach Deutschland wurde er im Alter von 21 Jahren Professor der Chemie an der Universität von Gießen. Die Chemiker aller Kulturländer drängten sich dort zu seinem berühmten Laboratorium, einem der modernsten der damaligen Zeit. Im Jahre 1852 folgte er einem Rufe des Königs von Bayern an die Universität München. Am 18. April 1873 hat der berühmteste unter den deutschen Chemikern für immer die Augen geschlossen.

Dimitrij Mendelejew

Schon als Dreiundzwanzigjähriger hat der große russische Chemiker und Bahnbrecher der modernen Chemie bei seiner Vorlesung an der Petersburger Universität auf Grund der von ihm zusammengestellten Charakteristik der einzelnen Elemente zahllose Merkmale und Besonderheiten erkannt. Das Verhältnis der einzelnen Elemente untereinander war bis dahin (1857) noch völlig ungeklärt. Mendelejew war der Mann, der die Aufgabe löste, ein geniales Ordnungssystem aus dem scheinbaren Chaos und Durcheinander der

Elemente zu schaffen. Er stellte fest, daß die Elemente ihren Eigenschaften nach und in ihrem gegenseitigen Verhalten einem Gesetz unterworfen sind; er gab ihm die Bezeichnung „Periodisches System". Wenn man alle Elemente in der Reihenfolge ihres zunehmenden Atomgewichtes anordnet, dann zeigt ich, daß in periodischer Wiederholung an jeder achten Stelle Elemente mit ähnlichen chemischen Eigenschaften erscheinen. Somit können alle einfachen Substanzen in wenige Perioden zu je acht Elementen zusammengefaßt werden. Auf sein System gestützt, wies Mendelejew nach, daß das Atomgewicht vieler Elemente früher falsch berechnet worden war. Er sagte voraus, daß neue Elemente entdeckt werden würden, die den offenen Stellen in seiner Tabelle entsprechen, und er konnte auch deren Eigenschaften und Atomgewichte im voraus bestimmen. Als dann später das Gallium, das Skandium und das Germanium entdeckt wurden, fanden die Prognosen dieses Gelehrten ihre volle Bestätigung. Mendelejews System war die Übergangsstufe zu einem neuen Abschnitt in der Geschichte der Wissenschaft, der mit der Entdeckung der Radioaktivität begann. Als glühender Patriot lebte Mendelejew für die Interessen seines Vaterlandes und vertrat leidenschaftlich den Standpunkt, daß es notwendig sei, die industrielle Entwicklung des Landes voranzutreiben. Aber im zaristischen Rußland war ihm jeder Erfolg versagt. Die hochmütigen Vertreter der herrschenden Clique bezeichneten seine Äußerungen verächtlich als „Professorenträume". Erst nach der Oktoberrevolution fanden die großen Ideen des Gelehrten Anerkennung und Verwirklichung. Am 2. Februar 1917 schloß der große Gelehrte die Augen. In der Wissenschaft der Chemiker lebt er heute noch fort und findet die verdiente Anerkennung.

Man könnte hier noch das Leben von vielen anderen berühmten und bekannten Chemikern anführen, aber dies würde zu weit führen, und das Ziel, welches dies Buch haben soll, überschreiten. Die vorstehende Lebensbeschreibung von Chemikern soll den Zweck haben, daß beim Fachschulgebrauch dieses Buches auch etwas über die Entwicklung der Chemie in den Lehrstunden gebracht werden kann. Es soll damit auch veranschaulicht werden, wie die ersten Chemiker, welche die Chemie zum Wohle der gesamten Menschheit betrieben haben, ihren schweren Kampf durchfochten und sich nicht von dem erkannten Weg abbringen ließen.

3. ABSCHNITT

Der Unterschied zwischen Physik und Chemie

Wenn wir uns mit der Chemie befassen, und wir müssen es, wenn wir mit der Zeit fortschreiten wollen, dann ist es die erste Aufgabe, daß wir uns zunächst einmal klarwerden, welcher Unterschied zwischen den beiden eng verwandten Wissenschaften, der Physik und der Chemie, besteht.

Wir wissen, daß unsere Erde und jeder Gegenstand, den wir auf dieser vorfinden, ganz gleich ob es sich um Mensch, Tier, Pflanzen, Stein oder Erz handelt, sich aus gewissen Stoffen zusammensetzt. Mit diesen Stoffen oder Grundstoffen, wie man sie nennt, und den aus diesen zusammengesetzten Stoffen, be chäftigen sich die Chemie und die Physik.

Um diese Wissenschaften voneinander zu unterscheiden, müssen wir wissen, daß sich die Chemie mit der Zerlegung aller Stoffe in die einzelnen Grundstoffe (Elemente), oder wie man auch sagen kann, in die chemischen Bausteine und mit dem Zusammenbau verschiedener Grundstoffe zu zusammengesetzten Stoffen beschäftigt. Dagegen beschäftigt sich die Physik mit den Eigenschaften der einzelnen Stoffe. Man kann hierzu bei jedem Stoff folgende Eigenschaften feststellen: Gewicht, Zustand, Härte, Farbe, Struktur, Temperatur, Geruch und Form, also ob der Stoff flüssig, fest, kristallisiert, plastisch, groß, klein oder durch andere Merkmale zu kennzeichnen ist.

Betrachten wir aus der Tätigkeit des Friseurs einmal das Dauerwellen und das Färben, will man feststellen, zu welcher Wissenschaft diese Arbeiten zählen, so ist dieses leicht zu klären. Beim Dauerwellen, das durch die Hinzunahme von Dauerwellwasser beschleunigt wird, ist der Vorgang größtenteils chemisch. Die Veränderung des Haares selbst vom glatten zum gekrausten Zustand ist eine physikalische Veränderung, da sich das Haar in der äußeren Form verändert hat. Auch beim Färben ist es so. Der Vorgang der Färbung geschieht auf chemischem Wege, da der Farbstoff durch den Oxydationsprozeß in das Haar hineingelagert wird. Die Farbveränderung des Haares dagegen ist als physikalischer Vorgang zu bezeichnen.

Zusammenfassend sei gesagt:

Ein chemischer Vorgang liegt vor, wenn sich der Stoff in einen anderen Stoff verwandelt und somit andere Eigenschaften annimmt.

Ein physikalischer Vorgang ist es, wenn der Stoff derselbe bleibt und sich nur in seiner Form, Größe, Farbe oder sonstigen Eigenschaft verändert.

Beispiel

Verbrenne ich ein Stück Papier, so entsteht aus Papier ein anderer Stoff: Papier wird zu Asche, es ist also eine Stoffveränderung erfolgt, somit handelt es sich um einen *chemischen* Vorgang.

Zerreiße ich ein Stück Papier, so bleibt es noch Papier, nur in der Größe verändert sich das Papier, es liegt also eine Formveränderung vor, somit handelt es sich um einen *physikalischen* Vorgang.

Man kann an diesen leichtverständlichen Beispielen schon ersehen, worin der Unterschied zwischen diesen beiden Naturwissenschaften besteht.

4. ABSCHNITT

Einführung in die Grundbegriffe der Physik

Ehe wir zum Aufbau der Chemie übergehen, müssen wir uns mit den elementaren Grundbegriffen vertraut machen. Zu diesen Grundbegriffen zählt man in erster Linie die Maß- und Gewichtseinheiten, nach denen wir Stoffe messen, wiegen oder bestimmen können.

Maße und Gewichte

Als Maßeinheit dient bei uns in Deutschland, wie auch in vielen anderen Ländern, das Meter. Es ist der 40 000 000ste Teil des Erdumfanges. Das aus Platin-Iridium hergestellte Urmeter wird im Museum in Paris aufbewahrt. Alle Länder, welche das Meter als Maßeinheit verwenden und nach Meter messen, besitzen hiervon eine Kopie.

a) Längenmaße:

Kilometer	(km)	=	1000 m
Meter	(m)	=	10 dm = 100 cm = 1000 mm
Dezimeter	(dm)	=	10 cm = 100 mm
Zentimeter	(cm)	=	10 mm
Millimeter	(mm)	=	1000 μ
Mikron	(μ)*	=	1000 $\mu\mu$ = $^1/_{1000}$ mm
Millikron	($\mu\mu$)		

b) Flächenmaße:

Quadratkilometer	(km²)	=	100 ha
Hektar	(ha)	=	100 a = 10000 m²
Ar	(a)	=	100 m²
Quadratmeter	(m²)	=	100 dm²
Quadratdezimeter	(dm²)	=	100 cm²
Quadratzentimeter	(cm²)	=	100 mm²
Quadratmillimeter	(mm²)		

c) Körpermaße:

Kubikmeter	(m³)	=	1000 dm³
Kubikdezimeter	(dm³)	=	1000 cm³ (= 1 Liter)
Kubikzentimeter	(cm³)	=	1000 mm³
Kubikmillimeter	(mm³)		

---

* μ (sprich mü = griechischer Buchstabe).

d) Hohlmaße:

Hektoliter	(hl)	=	100 l
Dekaliter	(dkl)	=	10 l
1 Liter	(l)	=	10 dl = 1000 cm³
Deziliter	(dl)	=	10 cl = 100 cm³
Zentiliter	(cl)	=	10 cm³

e) Gewichte:

Tonne	(t)	=	1000 kg
Kilogramm	(kg)	=	1000 g
Gramm	(g)	=	10 dg
Dezigramm	(dg)	=	10 cg
Zentigramm	(cg)	=	10 mg
Milligramm	(mg)	=	$^1/_{1000}$ g
Pfund	(Pfd)	=	500 g
Zentner	(Ztr)	=	50 kg
Doppelzentner	(dz)	=	100 kg

Neuerdings wird in der Physik statt mit Gramm und Kilogramm mit Pond (p) und mit Kilopond (kp) gewogen, welche dem Gramm und Kilogramm entsprechen.

Spezifisches Gewicht

Um das oben angeführte spezifische Gewicht verständlich zu machen, sei auf folgendes hingewiesen. Um das „Einheitsgewicht" oder, wie man sagt, das „spezifische Gewicht" eines Stoffes oder Körpers festzustellen, vergleicht man es mit dem Gewicht des Wassers. Man merke hierzu folgende Erklärung:

Das spezifische Gewicht eines Körpers gibt an, wievielmal schwerer der Körper ist als das gleiche Volumen Wasser.

Beispiel

1 Liter Wasser wiegt 1 kg, 1 Liter Quecksilber wiegt 13,5 kg, somit ist Quecksilber 13,5mal so schwer wie Wasser, also ist das spezifische Gewicht von Quecksilber 13,5.

Nachfolgende Erklärung ist einfacher und daher heute üblich: Das spezifische Gewicht ist das absolute Gewicht der Volumeneinheit. (Daher auch die Bezeichnung „Einheitsgewicht" oder Volumengewicht.)

Beispiel

Die Volumeneinheit ist das Liter, das Gewicht muß in Kilogramm ausgedrückt werden. 1 Liter Quecksilber wiegt 13,5 kg, also ist 13,5 das Einheitsgewicht von Quecksilber. Das Ergebnis ist also das gleiche. Es ist wohl selbstverständlich, daß nur das Gewicht der Flüssigkeit ohne das des Gefäßes gerechnet werden muß. 1 Liter Spiritus wiegt 0,85 kg; das spezifische Gewicht von Spiritus ist also 0,85. Auf diese Weise können wir das spezifische Gewicht eines jeden Stoffes ermitteln. Der gleiche Raumteil Eis würde 0,9 kg wiegen, Einheitsgewicht also 0,9. Hierzu noch nachstehende Übersicht verschiedener spezifischer Gewichte:

Alkohol	Spiritus	Salmiakgeist	Eis	Wasser	Eisen	Quecksilber
0,8	0,85	0,89	0,9	1,0	7,85	13,5

das heißt:

Alkohol	ist 0,8 mal so schwer wie Wasser
Spiritus	ist 0,85mal so schwer wie Wasser
Salmiakgeist	ist 0,89mal so schwer wie Wasser
Eis	ist 0,9 mal so schwer wie Wasser
Wasser	ist der Ausgangspunkt des spezifischen Gewichtes
Eisen	ist 7,85mal so schwer wie Wasser
Quecksilber	ist 13,5mal so schwer wie Wasser

Ermittele durch Versuche das spezifische Gewicht von Holz, Milch, Haaröl, flüssiger Seife, Sand, Salzwasser und dergleichen mehr! Man wird dann dieses Gebiet sehr interessant finden. Dies sollte nur kurz über die spezifischen Gewichte gesagt sein.

Kohäsion

Ein jeder Stoff setzt sich physikalisch aus kleinsten Teilen zusammen, die man Moleküle nennt (siehe S. 25, 27). Wir könnten nun zu der Auffassung kommen, wenn ein Stoff sich aus solchen kleinen Teilen zusammensetzt, daß dieser Stoff auseinanderfallen müsse und sich in seine Masseteilchen auflöse. Dies ist aber nicht der Fall, denn diese kleinsten Masseteilchen (Moleküle) werden durch eine physikalische Kraft zusammengehalten. Die gegenseitige Anziehungskraft der Moleküle, welche eine natürliche Kraft ist, nennt man Kohäsion. Dieser Name ist aus dem Lateinischen cohaesio, von cohaerere abgeleitet, was soviel wie „zusammenhängen" bedeutet. Diese Kohäsion ist bei den festen Stoffen größer als bei den flüssigen. Ein Beispiel macht es klarer: Eisen läßt sich sehr schwer zertrennen, dagegen Wasser kann man leicht zertrennen und in jede Menge sofort teilen. Bei gasförmigen Stoffen ist diese Kohäsion nicht mehr vorhanden.

Adhäsion

Haften zwei Stoffe aufeinander, z. B. die Kreide auf der Tafel oder die Farbe an der Wand oder das Zusammenkleben von Papier, so nennt man dieseHaftkraft zwischen zwei verschiedenen Stoffen „Adhäsion". Auch dieses Wort stammt aus dem Lateinischen und heißt soviel wie „an etwas hängen".

Aggregatzustand

Die Stoffe auf der Erde kommen in verschiedenen Zustandsformen vor. Diese verschiedenen Zustandsformen nennt man den Aggregatzustand des Stoffes. Es gibt drei Aggregatzustände, nämlich fest, flüssig und gasförmig. Betrachten wir einmal die Zustandsformen des Wassers, so kennen wir in fester Form als Eis, in der flüssigen Form so, wie wir es benutzen, in Gasform ist es uns als Wasserdampf bekannt. Fast alle Stoffe kann man in die verschiedenen Zustandsformen verwandeln; man kann sogar die Luft verflüssigen und auch in einen festen Zustand bringen. Dieser Aggregatzustand ist von der Temperatur abhängig, die hierauf von großem Einfluß ist. Die folgende Abb. 5 erläutert uns dies noch klarer:
Der *feste Körper* ist in seiner Form konstant, daß heißt, die Kohäsion ist groß; wird der Körper *flüssig*, so ändert sich mit der Zustandsveränderung auch

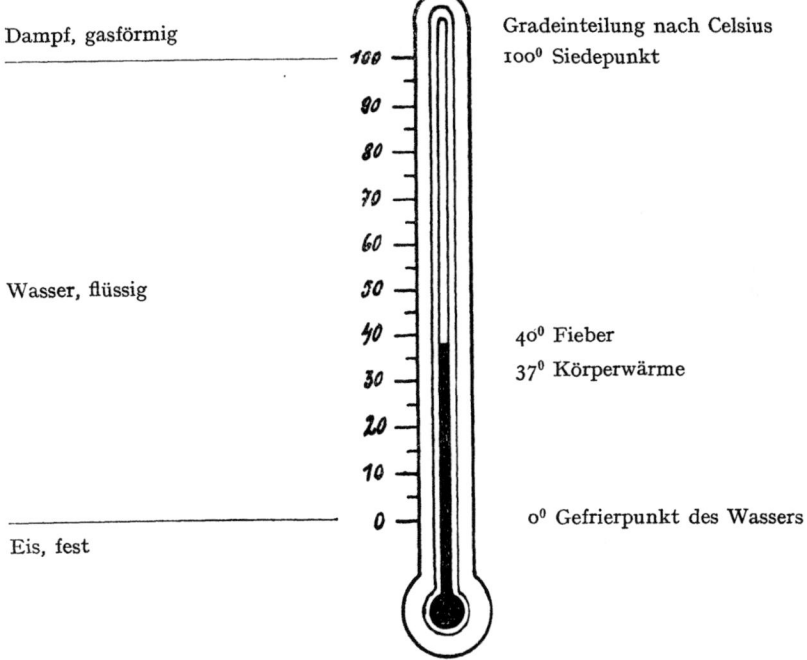

Dampf, gasförmig

Gradeinteilung nach Celsius
100⁰ Siedepunkt

Wasser, flüssig

40⁰ Fieber
37⁰ Körperwärme

0⁰ Gefrierpunkt des Wassers

Eis, fest

Abb. 5. Die wichtigsten Temperaturpunkte und die Aggregatzustände

seine Kohäsion, sie ist dann gering. Verändert sich der Aggregatzustand weiter und wird der Körper *gasförmig*, dann ist Kohäsion nicht mehr vorhanden, denn in diesem Fall streben die kleinen Masseteilchen auseinander und das Gegenteil der Kohäsion tritt ein, nämlich Expansion (Ausdehnung). Hier braucht man sich nur den Druck vorzustellen, der entsteht, wenn man in einem Raum unter festem Verschluß Wasser zum Verdampfen bringt (Prinzip der Dampfmaschine). Nebenbei sei erwähnt, daß 1 Liter Wasser in festem Aggregatzustand als Eis einen Raum von 1,1 Liter einnimmt, in gasförmigem Aggregatzustand einen Raum von 1700 Litern einnimmt. An diesem Beispiel erkennen wir, daß bei den verschiedenen Aggregatzuständen auch der Raum verschieden ist, den der Körper dabei einnimmt.

Destillation

Wird ein Stoff vom flüssigen Zustand in den gasförmigen übergeführt und die Dämpfe in einem anderen Gefäß wieder zurück in den flüssigen Zustand, so nennt man das Destillation. Die Destillation ist ein Verfahren, flüchtige von nicht oder schwer verdampfbaren Stoffen zu trennen (Abb. 6). Die Flüssigkeit wird im Destillierkolben oder einer Retorte verdampft, der Dampf im Kühlrohr wieder verdichtet, und die dadurch zurückgebildete Flüssigkeit, das Destillat, in einem zweiten Gefäß, der Vorlage, aufgefangen, während

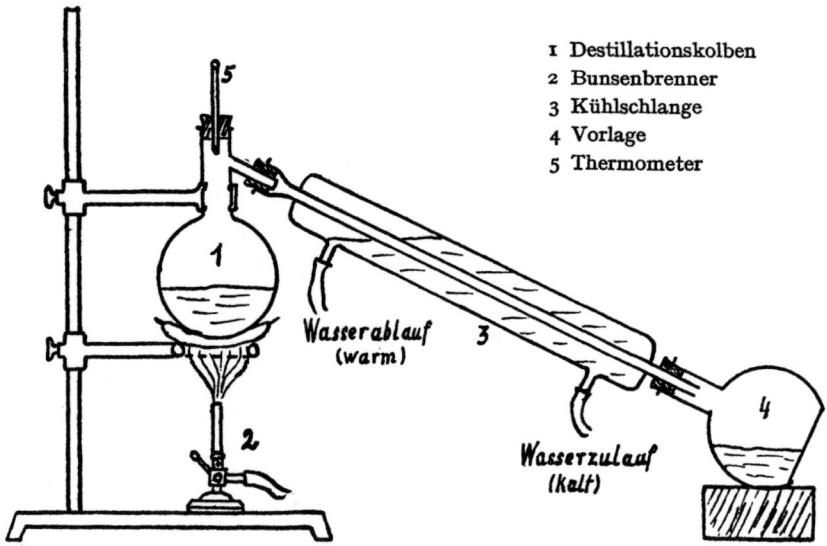

1 Destillationskolben
2 Bunsenbrenner
3 Kühlschlange
4 Vorlage
5 Thermometer

Wasserablauf (warm)

Wasserzulauf (kalt)

Abb. 6. Destillieren von Wasser

die nicht flüchtigen Stoffe im Destillierkolben zurückbleiben. Durch diese einfache Destillation wird z. B. chemisch reines destilliertes Wasser (Aqua destillata) gewonnen. Die gebrochene oder fraktionierte Destillation zerlegt ein Gemisch flüchtiger Bestandteile von verschiedenem Siedepunkt in die einzelnen Bestandteile. Bei der trockenen Destillation erhitzt man organische Stoffe, wie Holz, Steinkohle, Knochen, unter Luftabschluß, um die flüchtigen Zersetzungsprodukte oder den Rückstand zu gewinnen; es bilden sich neue Stoffe, sowohl feste (Holzkohle) als auch flüssige (Holzessig) und gasförmige (Heizgas, Stadtgas).

Die Destillation haben Menschen der Natur abgesehen. In der Natur findet schon bei gewöhnlicher Temperatur eine fortwährende langsame Verdampfung des Wassers statt. Ein Teil des beim Regen fallenden Wassers verdunstet sofort, während das in die Flüsse, Seen und Meere abfließende Wasser, besonders im Meer, allmählich verdampft und sich entweder unsichtbar in Form von Wasserdampf der Luft beimischt oder in Form winziger Wassertröpfchen, die sich schwebend in der Luft halten, den Nebel und die Wolken bildet, aus denen das Wasser als Regen wieder auf die Erde niederfällt. Dies ist derselbe Kreislauf des Wassers, wie er beim Destillieren vorkommt, nur mit dem Unterschied, Regenwasser ist nicht chemisch rein, da es auf dem Weg von den Wolken bis zur Erde Staub und andere Stoffe aufnimmt. Bei der Verdunstung des Wassers der Meere bleiben die gelösten Salze im Meere zurück, und so kommt es, daß der Salzgehalt der Weltmeere viel größer ist als der der Flüsse. Durch die Destillation kann das Wasser vollständig gereinigt und somit von Kalk und Magnesium befreit werden. Wasser mit Kalkbeimischungen bezeichnet man als hartes Wasser. Der Kalkgehalt des Wassers wird nach Härtegraden bezeichnet, das heißt, 1 g Kalk auf 100 Liter Wasser ist 1 deutscher Härtegrad. Die Härte des Wassers schwankt in den einzelnen Orten beträchtlich und beträgt an manchen Orten eine hohe Härtezahl. Man hat z. B. in Berlin 23°, München 16°, Köln 22°, Leipzig 31°, Dortmund 6° und in Würzburg sogar 56 Härtegrade. Hieraus ist auch ersichtlich, daß mit Regenwasser eine Kopfwäsche viel weniger Seife benötigt, als wenn man Leitungswasser vewendet. Das gleiche kann man beim Wäschewaschen beobachten, so daß man beim Waschen immer daran denken soll und hierzu bevorzugt Regenwasser nimmt, denn dann braucht man das Wasser nicht erst zu enthärten.

5. ABSCHNITT

Die Grundbegriffe der Chemie

Da das Wasser für die Menschheit sowie für die ganze Natur von größter Bedeutung ist, vertrat schon der griechische Naturphilosoph Thales um 540 vor der Zeitrechnung die Auffassung, das Wasser wäre der einzige Grundstoff, aus dem sich die ganze Welt aufbaue. Alle weiteren Stoffe würden hieraus entstehen. Ein weiterer Ausspruch von Thales ist bekannt, er sagte: ,,Wasser ist alles, ohne Wasser kein Leben!" Später vertraten die griechischen Philosophen, vor allem der Philosoph Aristoteles, die Anschauung, daß es vier solche Grundstoffe gäbe, aus denen die anderen Stoffe zusammengesetzt wären. Sie nannten diese Grundstoffe ,,Elemente" und bezeichneten als solche Wasser, Feuer, Luft und Erde. Später kam man aber zu anderen Erkenntnissen, und so hat Joachim Jungius 1634 ausgesprochen, daß die vier Elemente der Griechen nicht die letzten Bestandteile darstellen. Im Jahre 1661 forderte der berühmte englische Physiker und Chemiker Robert Boyle in seinem Buch ,,The Sceptical Chemist", daß nur solche Stoffe als Grundstoffe oder Elemente bezeichnet werden sollten, die sich nicht mehr in einfachere Stoffe zerlegen lassen. Die Beweise waren auch bald vorhanden, und man entdeckte, daß das Wasser kein Element oder Grundstoff war, sondern eine chemische Verbindung. Man erkannte die Zusammensetzung des Wassers aus Wasserstoff und Sauerstoff. Man legte fest, nur solche Stoffe als Grundstoffe oder Elemente zu bezeichnen, die nicht mehr in andere Stoffe zerlegbar sind. Von diesen Grundstoffen oder Elementen (auch chemische Bausteine genannt), sind der Wissenschaft bis heute 96 bekannt. Aus diesen besteht die Welt. Die Erkennung eines solchen Elementes liegt in der Unveränderlichkeit seiner Eigenschaften. Diese 96 Elemente sind auf der Erde in ungleichen Mengen verteilt. So nimmt z. B. der Sauerstoff 50% des gesamten Erdgewichtes ein. Auf 18 Elemente entfallen etwa 49% des Erdgewichtes und der Rest der Elemente entspricht kaum 1% des Erdgewichtes.

Nachstehende Tabelle nennt alle 96 Elemente mit dem chemischen Zeichen und dem Atomgewicht.

Chemische Grundstoffe oder Elemente:

Name:	Chemisches Zeichen:	Atomgewicht:
Aktinium[1]	(Ac)	227
Aluminium	(Al)	26,97
Americium[1]	(Am)	241
Antimon	(Sb)	121,76
Argon	(Ar)	39,944

Name:	Chemisches Zeichen:	Atomgewicht:
Arsen	(As)	74,91
Astatin[1]	(At)	211
Barium	(Ba)	137,36
Beryllium	(Be)	9,013
Blei	(Pb)	207,21
Bor	(B)	10,82
Brom	(Br)	79,916
Chlor	(Cl)	35,457
Chrom	(Cr)	52,01
Curium[1]	(Cm)	242
Dysprosium	(Dy)	162,46
Eisen	(Fe)	55,850
Emanation	(Em)	222
Erbium	(Er)	167,2
Europium	(Eu)	152,0
Fluor	(F)	19,00
Francium[1]	(Fr)	223
Gadolinium	(Gd)	156,9
Gallium	(Ga)	69,72
Germanium	(Ge)	72,60
Gold	(Au)	197,2
Hafnium	(Hf)	178,6
Helium	(He)	4,003
Holmium	(Ho)	164,935
Illinium[2]	(Ll)	148
Indium	(In)	114,76
Iridium	(Ir)	193,1
Jod	(J)	126,92
Kadmium	(Cd)	112,41
Kalium[1]	(K)	39,096
Kalzium	(Ca)	40,08
Kassiopeium	(Cp)	174,99
Kobalt	(Co)	58,94
Kohlenstoff	(C)	12,010
Krypton	(Kr)	83,7
Kupfer	(Cu)	63,542
Lanthan	(La)	138,92
Lithium	(Li)	6,940
Magnesium	(Mg)	24,32
Mangan	(Mn)	54,93
Molybdän	(Mo)	95,95
Natrium	(Na)	22,997

Name:	Chemisches Zeichen:	Atomgewicht:
Neodym	(Nd)	144,27
Neon	(Ne)	20,183
Neptunium[1]	(Np)	237
Nickel	(Ni)	58,69
Niobium	(Nb)	92,91
Osmium	(Os)	190,2
Palladium	(Pd)	106,7
Phosphor	(P)	30,974
Platin	(Pt)	195,23
Plutonium[1]	(Pu)	239
Polonium[1]	(Po)	211
Praseodym	(Pr)	140,92
Protaktinium[1]	(Pa)	231
Quecksilber	(Hg)	200,61
Radium[1]	(Ra)	226,05
Rhenium	(Re)	186,31
Rhodium	(Rh)	102,91
Rubidium	(Rb)	85,48
Ruthenium	(Ru)	101,7
Samarium	(Sm)	150,43
Sauerstoff	(O)	16,000
Schwefel	(S)	32,06
Selen	(Se)	78,96
Silber	(Ag)	107,880
Silizium	(Si)	28,06
Skandium	(Sc)	45,10
Stickstoff	(N)	14,008
Strontium	(Sr)	87,63
Tantal	(Ta)	180,88
Technetium[1]	(Tc)	99
Tellur	(Te)	127,61
Terbium	(Tb)	159,2
Thallium	(Tl)	204,39
Thorium[1]	(Th)	232,12
Thulium	(Tu, Tm)	169,4
Titan	(Ti)	47,90
Uran[1]	(U)	238,07
Vanadium	(V)	50,95
Wasserstoff	(H)	1,008
Wismut	(Bi)	209,00
Wolfram	(W)	183,92
Xenon	(X)	131,3

Name:	Chemisches Zeichen:	Atomgewicht:
Ytterbium	(Yb)	173,04
Yttrium	(Y)	88,92
Zäsium	(Cs)	132,91
Zerium	(Ce)	140,13
Zink	(Zn)	65,38
Zinn	(Sn)	118,70
Zirkonium	(Zr)	91,22

[1] = ganz oder teilweise radioaktiv.　　[2] = vorläufiger Name.

Unter diesen Elementen finden wir viele, mit denen wir als Friseure sehr oft zu tun haben und die besonders für den Haarfärber von großer Bedeutung sind. Nachstehend sind die wichtigsten Elemente aufgeführt, welchen unser besonderes Augenmerk zugewendet werden soll.

Kohlenstoff hat die Bezeichnung Carbonium und das chem. Zeichen C
Schwefel hat die Bezeichnung Sulfur und das chem. Zeichen S
Eisen hat die Bezeichnung Ferrum und das chem. Zeichen Fe
Kupfer hat die Bezeichnung Cuprum und das chem. Zeichen Cu
Wismut hat die Bezeichnung Bismutum und das chem. Zeichen Bi
Silber hat die Bezeichnung Argentum und das chem. Zeichen Ag
Wasserstoff hat die Bezeichnung Hydrogenium und das chem. Zeichen H
Sauerstoff hat die Bezeichnung Oxygenium und das chem. Zeichen O
Stickstoff hat die Bezeichnung Nitrogenium und das chem. Zeichen N
Natrium hat die Bezeichnung Natrium und das chem. Zeichen Na
Kalium hat die Bezeichnung Kalium und das chem. Zeichen K

Moleküle

Elemente lassen sich in keinen anderen Stoff mehr zerlegen, daher auch der Name Grundstoff für die Elemente. Teilt man nun ein Element, bis sich dieses Teilchen — welches aber dieselbe Eigenschaft beibehält, wie es das Ganze hat — nicht weiter teilen läßt, so nennt man diesen kleinsten Teil Molekül. Dieses ist so klein, so daß es unter dem Mikroskop nicht mehr feststellbar ist. Das Wort Molekül stammt aus dem griechischen Molekula und heißt soviel wie „kleinster Teil". Folgende Zahlen sollen dazu dienen, uns ein Molekül zu erläutern, damit wir es uns vorstellen können. Auf einen Raummillimeter (mm^3) rechnet man etwa 50 000 000 Moleküle, oder wie man im Volksmund sagt, „in einem Fingerhut finden soviel Moleküle Platz wie in der Südsee Wassertropfen". Dies veranschaulicht, wie klein ein solches Molekül ist; diese Vorstellung wollen wir festhalten.

Atom

Das Molekül ist noch nicht der kleinste Teil, denn dieses Molekül läßt sich chemisch noch weiter teilen, und dieser undenkbar kleinste Teil ist das Atom. Auch das Wort Atom stammt aus dem griechischen ,,atomos'' und heißt soviel wie ,,unteilbar''. Wenn man sich das Atom als Kugel denken würde, so würde der Durchmesser etwa ein Zehnmillionstel Millimeter sein. Man beschäftigte sich auch damit, den strukturellen Aufbau des Atoms zu ergründen, und dies führte dazu, daß man heute mit Bestimmtheit sagen kann, das Atom sei aus noch viel kleineren Teilchen aufgebaut, und zwar aus dem positiven Kern (Proton) und den negativen Elektronen (Abb. 7). Man kann

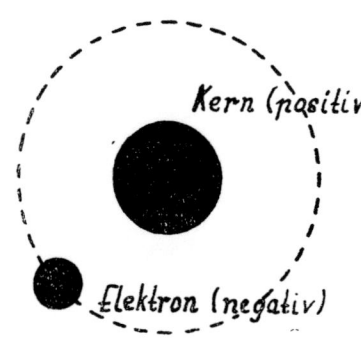

Abb. 7. Aufbau des Atoms

diese Protonen und Elektronen als die Bausteine des Erdganzen ansehen. Die Atome bilden ein Weltsystem für sich. In schnellen Bewegungen rasen die Elektronen kreisförmig um das Proton (Atomkern). Die Atome verschiedener Stoffe unterscheiden sich nach der Anzahl der Protonen und Elektronen, die sich im Atomgewicht der Stoffe bemerkbar machen. Um die Massen der Atome miteinander vergleichen zu können, hat man in der Chemie das Atomgewicht eingeführt.

Atomgewicht

Zunächst wurde das Atomgewicht des Wasserstoffs, des leichtesten aller Stoffe, gleich 1 gesetzt. Für Sauerstoff ergab sich dann das Atomgewicht O = 16. Die Atomgewichte der übrigen Stoffe bestimmt man aber meist aus ihren Sauerstoffverbindungen. Als später festgestellt wurde, daß das Atomgewicht des Sauerstoffs bezogen auf Wasserstoff nicht 16, sondern 15,88 ist, blieb man aus praktischen Gründen bei 16; für Wasserstoff ergibt sich dann das Atomgewicht 1,008.

Affinität

Ein Atom besteht nicht für sich, sondern sucht eine Verbindung mit Atomen gleicher oder anderer Art, mehrere Atome schließen sich zu einem Molekül zusammen (siehe oben). Diese Neigung zur Verbindung der Atome miteinander bezeichnet man als chemische Verwandtschaft oder Affinität. Dieses Wort leitet sich von dem lateinischen Wort affinitas ab, welches soviel wie Verwandtschaft bedeutet. Unter Affinität versteht man also die Neigung eines Elementes, mit einem anderen Stoff eine Verbindung einzugehen.

Chemische Verbindungen

Ein Molekül kann aus Atomen eines einzigen Elementes bestehen oder sich aus Atomen verschiedener Elemente zusammensetzen. Sind die Atome nur einer Art, dann haben wir es mit einem Grundstoff, einem Element zu tun. Ein Stoff, dessen Moleküle sich aus Atomen verschiedener Elemente oder Grundstoffe zusammensetzt, ist dagegen eine chemische Verbindung, die also andere Eigenschaften hat als die Elemente, aus denen sie entstanden ist.

Wertigkeit

Eine solche chemische Verbindung ist aber nur nach bestimmten chemischen Grundgesetzen möglich. Jedes Atom bzw. Element hat eine sogenannte chemische Wertigkeit. Dies ist eine Zahl, welche uns sagt, wieviel Atome eines als einwertig bezeichneten Elementes wir nötig haben, um ein anderes Element gänzlich zu sättigen, das heißt seine Bindungsmöglichkeit restlos auszunutzen. So gibt es ein-, zwei-, drei-, vier- und mehrwertige Elemente. Veranschaulichen wir uns einmal die Wertigkeit eines Elementes, indem wir uns die Elemente in der Form von Kugeln vorstellen, so erhält die Kugel je nach der Wertigkeit einen, zwei, drei, vier oder mehrere Arme (Abb. 8).

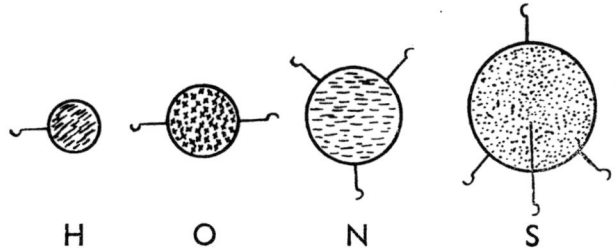

H O N S

Abb. 8. Die Verschiedenwertigkeit der Atome

Wasserstoff ist beispielsweise einwertig und erhält einen Arm (siehe Abb. 8), Sauerstoff ist zweiwertig und erhält zwei Arme, Stickstoff dreiwertig, also drei Arme und Schwefel vierwertig mit vier Armen.
Bei manchen Elementen ist die Wertigkeit je nach der Verbindung auch verschieden. So kann Schwefel auch zwei- oder sechsarmig sein. Betrachten wir nun einmal eine chemische Verbindung auf der Grundlage der Wertigkeit, so erkennen wir, daß zum Beispiel zwei Atome Wasserstoff (H) mit je einem Arm notwendig sind, um die Bindungsmöglichkeit des zweiarmigen Sauerstoffes (O) zu erschöpfen. Diese Art der Darstellung chemischer Verbindungen oder Vorgänge nennt man die symbolische Darstellung.

Nachstehende Abb. 9 veranschaulicht die Zusammensetzung des Wassers gemäß der Atomwertigkeit.

Abb. 9. Der Aufbau des Wassermoleküls

In Abb. 10 können wir den Aufbau des Wasserstoffsuperoxydmoleküls erkennen, wie er durch die Wertigkeit bedingt ist, Wasserstoffsuperoxyd $= H_2O_2$.

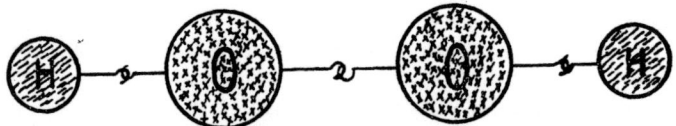

Abb. 10. Das Molekül des Wasserstoffsuperoxsyd

So haben wir uns bei jedem Stoff und dessen Verbindungen nach der Atomwertigkeit zu richten, und zwar nach den vorstehend beschriebenen Grundgesetzen über die Wertigkeit der Atome.

6. ABSCHNITT

Die Unterteilung der Chemie

Chemie ist ein großer weitgehender Begriff, man hat daher in groben Zügen die Chemie unterteilt. Nachfolgendes Schema gibt uns einen Überblick:

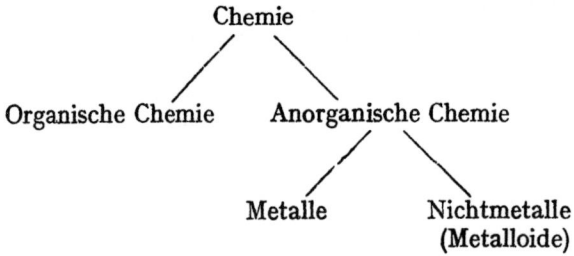

Die ersten zwei großen Gebiete, in die man die Chemie einteilt, sind die organische und die anorganische Chemie. Die organische Chemie befaßt sich mit den Kohlenstoffverbindungen, wozu besonders die Stoffe aus dem Pflanzen- und Tierreich gehören, die anorganische dagegen mit Stoffen aus dem Mineralreich. Bei den letzteren unterscheiden wir Metalle und Nichtmetalle (auch Metalloide genannt). Bei den Metallen unterscheidet man wieder mehrere Gruppen, wie z. B. Schwermetalle (zu denen auch die Edelmetalle zählen), Leichtmetalle, Alkalimetalle usw. Zu den Schwermetallen rechnet man: Eisen, Kupfer, Blei, Zinn, Zink, Silber, Gold. Leichtmetalle sind u. u. Aluminium und Magnesium. Alkalimetalle sind Kalium, Natrium u. a. Alle Grundstoffe, außer Kohlenstoff, welcher zur organischen Chemie gehört, zählen zur anorganischen Chemie. Somit können wir bei den nachfolgenden Ausführungen feststellen, welcher Gruppe die einzelnen Elemente angehören.

7. ABSCHNITT

Die Arbeitsverfahren der Chemie

Das menschliche Bestreben geht seit Jahrtausenden dahin, alle Stoffe, die auf der Erde existieren, immer genau kennenzulernen. Wir untersuchen die einzelnen Stoffe nach Form, Farbe, Geruch, Gewicht, Konsistenz usw. Aber mit allen diesen Feststellungen ist die Chemie nicht zufrieden, denn sie befaßt sich damit, das „Stoffliche" zu erforschen. Die Chemie befaßt sich mit der Zerlegung und dem Aufbau der Stoffe. Diese Zerlegung der Stoffe in seine Grundstoffe (Elemente) nennt man Analyse, dagegen bezeichnet man den Aufbau der Stoffe aus den Elementen mit Synthese.

Analyse

Wenden wir uns erst einmal der Analyse zu. Als Beispiel nehmen wir noch einmal den Stoff „Wasser" (Abb. 11) $H_2 + O = H_2O$.
Die Vereinigung der zwei Atome Wasserstoff (Hydrogenium = H) mit einem Atom Sauerstoff (Oxygenium = O) laut Abb. 11 ergibt das Molekül Wasser. Der Chemiker bezeichnet also Wasser mit den chemischen Zeichen der zusammentretenden Elemente. Die Anzahl der in einem Molekül enthaltenen Atome eines Elementes bezeichnet er durch eine Zahl,

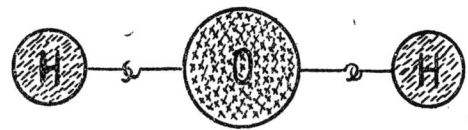

Abb. 11. Die Entstehung des Wassermoleküls

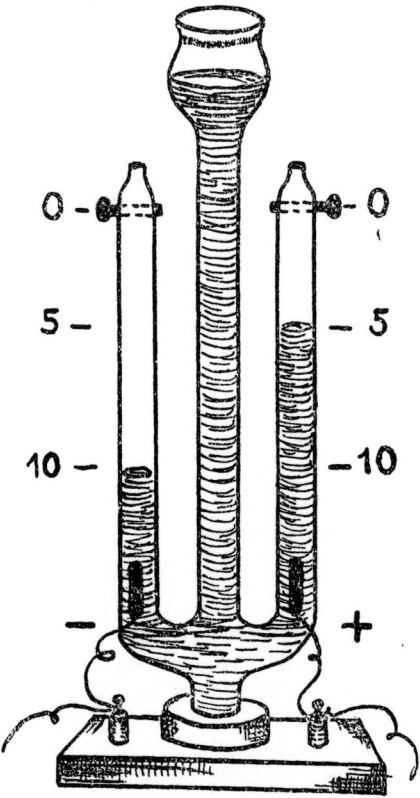

die er rechts an den Fuß des chemischen Zeichens setzt. So schreibt also der Chemiker die Formel für Wasser: H_2O. Diese Formel ist sehr leicht zu behalten durch das Sprüchlein, welches im Volksmund sehr verbreitet ist: ,,Bist du des Lebens nicht mehr froh, dann stürze dich ins H_2O!" Mit der theoretischen Erklärung, daß Wasser aus 2 Atomen Wasserstoff und 1 Atom Sauerstoff besteht, brauchen wir uns nicht zufrieden zu geben. Wir wollen dies auch durch einen Versuch beweisen und das Wasser zerlegen oder, wie der Fachausdruck heißt, analysieren. Zu dieser Zerlegung des Wassers benötigen wir einen Hofmannschen Apparat, benannt nach dem Erfinder, mit welchem wir Wasser in seine beiden Grundstoffe, Wasserstoff und Sauerstoff, zerlegen können. Dieser Apparat besteht aus drei Glasröhren (siehe Abb. 12). In den beiden äußeren Röhren sind Drähte aus Platin eingeschmolzen, die zu einer elektrischen Batterie (8 Volt Gleichstrom) führen. Beide Glasröhren sind oben

Abb. 12. Der Hofmannsche Wasserzersetzungsapparat

durch einen Hahn verschlossen. Der Apparat wird durch die in der Mitte befindliche Glasröhre, die oben in eine Kugel ausläuft, mit leicht angesäuertem Wasser gefüllt, so daß die beiden äußeren Röhren bis oben hin gefüllt sind. Schalten wir nun den Strom ein, so sehen wir, wie an den beiden Metallplättchen, welche sich an den Platindrähten befinden, eine rege Bläschenentwicklung eintritt. Dies sind kleine Gasbläschen. Wir bemerken, daß sich die entstehenden Gase in den beiden Röhren oben ansammeln und die Wassersäule dadurch fällt. Wir können weiterhin beobachten, daß sich in der Röhre, an der unten das Minuszeichen steht, doppelt soviel Gas bildet wie auf der entgegengesetzten Plusseite. Wie ist das nun zu erklären und was können wir aus diesem Experiment lernen? Die Zerlegung hat gelehrt, daß das Wasser aus zwei Raumteilen (Volumen) Wasserstoffgas und einem

Raumteil (Volumen) Sauerstoffgas besteht. Die Grundstoffe Wasserstoff (H) und Sauerstoff (O) kennen wir bereits nach ihrer chemischen Bezeichnung H und O. Neu ist aber, daß beide Stoffe als einzelne Grundstoffe nicht flüssig, sondern gasförmig sind. Prüfe ich nun die beiden Gase, so kann ich genau feststellen, welches von beiden H und welches O ist. Öffnen wir nun den Hahn der Röhre, in der sich die größere Menge Gas gebildet hat, so entströmt ein Gas, das angezündet mit leicht bläulicher, nichtleuchtender Farbe brennt. Wir erkennen es als Wasserstoffgas. Öffnen wir nun den Hahn der anderen Röhre, so entweicht ein nichtbrennendes Gas, das aber einen glühenden Holzspan hell aufleuchten läßt. Dies ist das Sauerstoffgas. Eine solche Zerlegung, in diesem Falle Wasser in Wasserstoff und Sauerstoff, nennt man eine Analysierung.

Synthese

Das Gegenteil einer Zerlegung (Analyse) ist der Aufbau (Synthese). Die Synthese ist der Aufbau von Verbindungen aus den Grundstoffen. Wenn wir z. B. Eisenpulver mit Schwefel vereinigen, so entsteht Schwefeleisen. Auch die vorher genannte Verbindung, nämlich das Wasser, welches wir in Wasserstoff und Sauerstoff zerlegt haben, können wir aus seinen Grundstoffen wieder aufbauen. Synthesen gibt es unendlich viel, denn die meisten chemischen Verbindungen sind durch eine Synthese zusammengesetzt worden. Die meisten Chemikalien tragen auch eine Bezeichnung, an der man erkennt, woraus der betreffende Stoff besteht. Ferner seien hier als Beispiele für Synthesen noch ,,synthetischer Gummi'' und ,,synthetische Farben'' angeführt. Bei dieser Bezeichnung ,,synthetisch'' ist schon die Ableitung des Wortes von Synthese erkennbar, also vom Aufbau einer chemischen Verbindung aus den Grundstoffen. Wir lernten aus den Kapiteln über die Analyse, die Synthese, daß sich die Chemie mit der Zerlegung und Zusammensetzung der Stoffe beschäftigt. Die Eigenarten der einzelnen chemischen Verbindungen sollen in einem der nächsten Abschnitte behandelt werden.

8. ABSCHNITT

Die beiden wichtigsten chemischen Vorgänge
bei der Arbeit des Friseurs

Oxydation   .

Mit Oxydation bezeichnet man jede Vereinigung eines Elementes oder chemischen Verbindung mit Sauerstoff. Die so entstehenden Verbindungen werden Oxyde genannt. Das Wort Oxyd wird von dem Wort Oxygenium

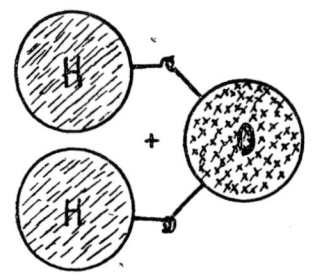

Abb. 13. Das Wassermolekül

(Sauerstoff) abgeleitet. Betrachtet man das Wasser vom chemischen Standpunkt, so ist es auch als Oxyd zu betrachten, nämlich als Wasserstoffoxyd, denn Wasser entsteht bei der Vereinigung von Wasserstoff und Sauerstoff. Schematisch könnte man diese Vereinigung darstellen, wie Abb. 13 zeigt.

Folgender Versuch zeigt uns eindeutig, daß bei einer Oxydation (Verbrennung) Sauerstoff verbraucht wird. Zu diesem Versuch benötigen wir einen Teller oder eine flache Schüssel, eine Kerze, ein Einmachglas und Wasser. Wir füllen den Teller mit Wasser, stellen inmitten darauf die Kerze (brennend), stülpen hierauf das Glas über die brennende Kerze und am folgenden erkennen wir, daß zu einer Verbrennung Sauerstoff nötig ist, denn kurze Zeit danach erlischt die Kerze, weil sie den im Glas befindlichen Sauerstoff aufgebraucht hat. Die Sauerstoffmenge beträgt ein Fünftel der Luft im Glas, soviel steigt das Wasser im Glas empor. Dieser Versuch beweist, daß bei einer Verbrennung (Oxydation) stets Sauerstoff benötigt wird. Nachfolgende Abbildungen zeigen diesen Versuch bildlich.

Abb. 14 verdeutlicht uns den mit Wasser gefüllten Teller oder Schüssel, inmitten eine brennende Kerze. Abb. 15 zeigt das Überstülpen eines Glases oder Meßzylinders. Nachdem der Sauerstoff verbraucht ist, ergibt sich das Bild, wie wir es in Abb. 16 sehen. Wir sehen, die Kerze ist verlöscht, da kein

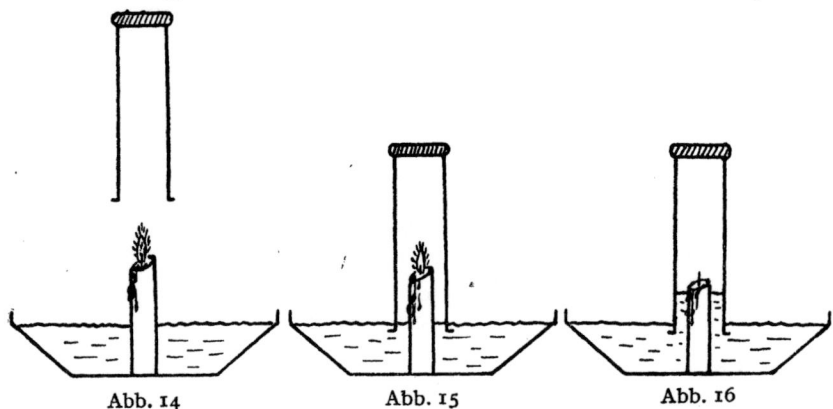

Abb. 14   Abb. 15   Abb. 16

Abb. 14–16. Versuch für einen Oxydations- (Verbrennungs-) Vorgang und Nachweis über die Zusammensetzung der Luft

Sauerstoff mehr vorhanden ist, und der Raum, den der Sauerstoff eingenommen hat, wird nunmehr durch Wasser ausgefüllt.
Alle chemischen Verbindungen, bei denen eine Oxydation (Verbrennung) stattfindet, sind auf Sauerstoff angewiesen. Es gibt auch viele Verbindungen, welche einen Überschuß an Sauerstoff haben. Wir kennen bereits ein sehr wichtiges Oxydationsmittel, nämlich Wasserstoffsuperoxyd, es besitzt die Möglichkeit, die Hälfte seines Sauerstoffes abzugeben. Das Wort ,,Super" bedeutet soviel wie ,,über", das besagt, daß in dieser Verbindung ein Überschuß an Sauerstoff vorhanden ist. Das hat zur Folge, daß diese Verbindung nicht so beständig ist wie Wasser, sondern sich leicht zersetzt, indem sie den Überschuß an Sauerstoff leicht abgibt. Formelmäßig läßt sich die Zersetzung des H_2O_2 (Wasserstoffsuperoxyd) folgendermaßen ausdrücken:

$$H_2O_2 \qquad = H_2O \quad + \quad O$$

Wasserstoffsuperoxyd Wasser Sauerstoff

Die also nach der Abgabe des Sauerstoffs zurückbleibende Verbindung ist das Wasser. Zusammenfassend sei über die Oxydation gesagt: Kommt zu einem Stoff Sauerstoff hinzu, so erfolgt eine Oxydation. Durch die Verwendung eines Oxydationsmittels kann diese beschleunigt werden.

Reduktion

Die Reduktion ist das Gegenteil der Oxydation. Der Name Reduktion kommt aus dem Lateinischen und besagt soviel wie 1. Zurückführung (auf Einfacheres oder Grundsätzliches); 2. Verminderung, Verkleinerung; 3. in der Chemie die Entziehung von Sauerstoff. Aus dem Angeführten können wir schon ersehen, was das Wort für uns in der Chemie bedeutet. Wenn bei einer Oxydation Sauerstoff aufgenommen wird, so geschieht bei der Reduktion das Gegenteil, es wird Sauerstoff abgegeben. Das Interessante ist, daß beide Vorgänge, nämlich Oxydation und Reduktion, zusammengehören, da bei einer Oxydation das Oxydationsmittel Sauerstoff abgibt und dabei selbst reduziert wird.
Das beste Beispiel ist hier wieder das Wasserstoffsuperoxyd, welches ein Oxydationsmittel ist. Bei der Oxydation vermindert sich aber, oder wie man sagt, reduziert sich das Wasserstoffsuperoxyd zu Wasser, denn der eine Teil Sauerstoff wird bei der Oxydation abgegeben.

Nachstehend sind einige chemische Vorgänge aufgeführt, bei denen Sauerstoff aufgenommen wird:

$$CH_4 \qquad + O \qquad = CH_3OH$$

Methan   Sauerstoff   Methylalkohol

$$CH_3OH \qquad + O \qquad = H_2O + HCHO$$

Methylalkohol   Sauerstoff   Wasser + Formaldehyd

Staps, Chemie f. d. Friseur

$$HCOH \quad\quad + O \quad\quad\quad = HCOOH$$
Formaldehyd   Sauerstoff   Ameisensäure

$$CH_3{-}CH_3 \quad + O \quad\quad\quad = CH_3{-}CH_2OH$$
Äthan   Sauerstoff   Äthylalkohol

$$CH_3{-}CH_2OH + O \quad\quad\quad = H_2O + CH_3CHO$$
Äthylalkohol   Sauerstoff   Wasser + Azetaldehyd

$$CH_3{-}CHO \quad + O \quad\quad\quad = CH_3COOH$$
Azetaldehyd   Sauerstoff   Essigsäure

Hier ist die Hinzufügung von Sauerstoff formelmäßig angegeben, bei einer Reduzierung gestalten sich die Formeln in umgekehrter Weise.

9. ABSCHNITT

Die Eigenschaften der chemischen Verbindungen

Laugen

Basen, auch Alkalien oder Laugen genannt, entstehen durch die Verbindung von Metallen oder Metalloxyden mit Wasser. Der Vorgang verläuft nach folgenden Formeln:

Natrium   Wasser   Ätznatron   Wasserstoff (dieser entweicht in die Luft)
$$Na + H_2O \quad = NaOH \quad + H$$

Dieselbe Synthese gilt auch für das Kalium

Kalium   Wasser   Ätzkali   Wasserstoff (dieser entweicht in die Luft)
$$K + H_2O \quad = KOH \quad + H$$

Kalziumoxyd   Wasser   Ätzkalk
gebrannter Kalk   Wasser   gelöschter Kalk
$$CaO + H_2O \quad = Ca(OH)_2.$$

Die Auflösung von Ätznatron in Wasser ergibt Natronlauge, von Ätzkali Kalilauge. Praktisch kommen für die Laugenbildung nur die Alkalimetalle, z. B. Kalium und Natrium und die Erdalkalimetalle in Frage. Die Schwermetalle kommen hierfür nicht in Betracht. Da Natrium und Kalium eine große Affinität zu Sauerstoff haben, das heißt eine Verbindung mit diesem eingehen wollen, kann man diese beiden Stoffe nicht an der Luft aufbewahren, sondern nur in einem sauerstofffreien Stoff, z. B. Petroleum. Wirft man ein Stückchen Natrium oder Kalium ins Wasser, so fährt dieses auf dem Wasser zischend und brennend herum und wird scheinbar verzehrt. In Wirklichkeit entsteht ein neuer Stoff, mit der Bezeichnung Ätznatron oder Ätzkali, das sich im Wasser löst. Bei diesem Vorgang entweicht ein Teil

Wasserstoff und verbindet sich mit dem Sauerstoff der Luft. Dieser Vorgang bildet die auftretende Flamme. Zur Erkennung von Laugen oder Basen (ein Wort aus dem griechischen Basis = Grundlage) dient Lackmuspapier. Wollen wir prüfen, ob es sich wirklich um eine Lauge handelt, so nehmen wir rotes Lackmuspapier und tauchen es in die Lösung. Färbt sich das Papier blau, so handelt es sich um eine Lauge.

Auch am Geschmack ist eine Lauge leicht zu erkennen, wonach sie auch ihren Namen erhalten hat. Laugen schmecken stechend und scharf, nicht sauer oder salzig. Alkalien wirken ätzend und haben noch in geringer Konzentration auf das Haar und die Haut einen schädigenden Einfluß. Dies ist schon ein sehr wichtiger Hinweis für den Friseur, der bei der Anwendung von Alkalien beim Dauerwellen oder bei anderen Arbeitsvorgängen hinsichtlich der Konzentration größte Sorgfalt beachten muß. Auch liegt eine Aufgabe für den Friseur hier nahe, nämlich seine Kunden aufzuklären, da ein großer Teil der Kunden infolge Unkenntnis sein Haar mit ungeeigneten, für tote Gegenstände bestimmten Mitteln selbst wäscht. Der Friseur muß in solchen Fällen der Helfer der Kundschaft werden, welche aus geldlichen Gründen nicht in der Lage ist, sich beim Friseur das Haar waschen zu lassen. Eine Empfehlung geeigneter Haarwaschmittel würden dann diese Kunden sehr begrüßen. Diese Aufklärung würde sich somit für den gesamten Beruf nur günstig auswirken.

Säuren

Haben wir vorstehend Kenntnis von der Wirkung der Alkalien genommen, soll nun unsere Aufgabe sein, andere Verbindungen kennenzulernen, die für den Friseur nicht weniger wichtig sind. Eine Säure entsteht, wenn sich Metalloide mit Sauerstoff und Wasserstoff oder auch nur mit Wasserstoff verbinden. Die bekanntesten Säuren sind:

	Salzsäure	Schwefelsäure	Salpetersäure
Formel:	HCl	H_2SO_4	HNO_3
Bestandteile:	Wasserstoff und Chlor	Wasserstoff, Sauerstoff und Schwefel	Wasserstoff, Sauerstoff und Stickstoff

Säuren wirken wie die Alkalien auf das Gewebe ätzend und sind konzentriert nur mit äußerster Vorsicht zu verwenden. Ihre Benennung haben sie nach ihrem sauren Geschmack erhalten. Das Lackmuspapier dient auch zur Feststellung von Säuren; denn tauche ich blaues Lackmuspapier in eine verdünnte Säure, so färbt sich das Papier sofort rot. Alle drei oben genannten Säuren wirken stark ätzend auf organische Gewebe, so auch auf die menschliche Haut. Daher werden sie bei der Schönheitspflege zur Entfernung von Warzen benutzt. Ebenso können Schwefel- und Salzsäure zum Abziehen eines zu stark mit Metallfarben gefärbten Haares benutzt werden, da das am Haar haftende Metall von den Säuren gelöst wird und danach abgewaschen werden kann. Die genannten Säuren sind, da sie dem Mineralreich entstammen, anorganische oder mineralische Säuren. Für unser Haar wird auch ein besonders abgestimmtes Säuremittel verwendet, und zwar der Haarglanz oder das adstringierende, neutralisierende Spülmittel Dieses findet Verwendung nach dem Dauerwellen, Färben, Blondieren oder bei sonstigen Arbeitsgängen, wo das Haar durch eine alkalische Behandlung vorher aufgequollen ist. Säuren haben die Eigenschaft, zusammenziehend zu wirken; dies bemerken wir schon, wenn wir saures Obst essen, dann zieht sich der Mund innen zusammen.

Zwischen den vorher angeführten Alkalien und Säuren bestehen starke Gegensätze, das heißt, diese beiden Stoffe stehen sich gegensätzlich gegenüber und heben sich bei Vermischung gegenseitig auf. Dieses hat der Mensch auch erkannt und nutzt diese gegenseitige Kampfstellung aus. Daraus ergibt sich auch, warum das durch Alkalien behandelte Haar anschließend mit einem sauren Spülmittel behandelt wird. Die Säure, wovon nur eine geringe Menge nötig ist, macht die vorhandenen Alkalien unwirksam. Man verwende aber nur solche Haarglanz- oder Spülmittel, welche im Fachhandel erhältlich sind, damit die Gefahr einer Übersäuerung des Haares vermieden wird.

Der p_H-Wert

Das Wasser (H_2O) steht als neutraler Stoff zwischen den Säuren und Laugen und ist das Lösungsmittel für diese. Bekommt das Wasser einen Zusatz von einem dieser Stoffe, so wird die Wirkung der Lösung entweder sauer oder alkalisch. Wir haben nun aber stark und schwach alkalisch und sauer wirkende Stoffe. Um diese zu unterscheiden, wird von der Wissenschaft der p_H-Wert als Maß für die Stärke von Säuren und Alkalien benutzt.

Zur Erklärung dient nachstehende p_H-Skala. In der Mitte der p_H-Skala findet sich der Neutralpunkt, bezeichnet mit der Zahl 7. Die Säuren stehen links vom Neutralpunkt und haben p_H-Werte unter 7, während die Alkalien rechts

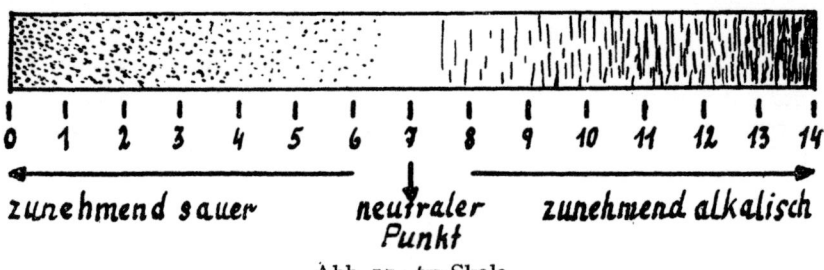

Abb. 17. p_H-Skala

vom Neutralpunkt stehen und p_H-Werte über 7 aufweisen. Der Neutralpunkt trennt die Säuren von den Laugen. Hier liegt also weder eine Säure noch eine alkalische Reaktion vor; man bezeichnet das als neutral. Dies trifft für destilliertes Wasser zu. Bei dem p_H-Wert 6,9 ist immer noch eine schwache Säure vorhanden; demgegenüber liegt bei dem p_H-Wert 7,1 eine schwache Lauge vor. Je weiter der p_H-Wert vom Neutralpunkt entfernt liegt, um so stärker ist die Konzentration der Säure oder Lauge. Die stärkste Säure hat den p_H-Wert ,,0`` und die stärkste Lauge den $p_H$-Wert ,,14``. Will man die Meßzahl des p_H-Wertes feststellen, so liegt die Erklärung in der Ionenkonzentration. Die Bezeichnung p_H ist eine wissenschaftliche Abkürzung. In dieser Abkürzung bedeutet das ,,p`` proportional (verhältnismäßig), und das ,,$H$`` ist die chemische Abkürzung für Wasserstoff (Hydrogenium). Kurz gesagt, man mißt mit dem p_H-Wert den verhältnismäßigen Anteil der elektrisch geladenen Hydrogenatome (Wasserstoffatome). Diese elektrisch aufgeladenen Ionen — und zwar in den Säuren die H-Ionen (Wasserstoff-Ionen) und in den Laugen die OH-Ionen (Hydroxyl-Ionen) — bilden die Grundlage für die Bestimmung des p_H-Wertes. Den Vorgang, bei dem gleiche Mengen der beiden verschiedenen Ionenarten zusammentreffen, nennt man Neutralisation. Hierbei hebt sich die Wirkung beider Stoffe gegenseitig auf.

Im Laboratorium bestimmt man den p_H-Wert von Flüssigkeiten mittels elektrometrischer Methoden. Für den Friseur reicht für orientierende Messungen das ,,Universal-Indikatorpapier`` der Firma Feinchemie GmbH., Sebnitz in Sachsen, aus. Dieses gelbe Indikatorpapier wird in die zu messende Flüssigkeit eingetaucht, worauf je nach Stärke des Alkalis oder der Säure eine Umfärbung des Papiers eintritt. Dem Indikatorpapier ist eine Farbskala beigegeben, welche die verschiedenen bei der Umfärbung entstehenden Farben aufweist. Durch Vergleich des verfärbten Indikatorpapieres mit der Farbskala ermittelt man den vorliegenden p_H-Wert und liest die betreffende Zahl ab, wie Abb. 18 zeigt. Das Universal-Indikatorpapier erstreckt sich über die p_H-Werte von 1—10, da für den Friseur die p_H-Werte nur bis 10 von Wichtigkeit sind. Es ist für den Friseur sehr empfehlenswert, sich des Indikatorpapieres zu bedienen.

p_H-Tabelle für den Friseur:

p_H-Wert 1 = konzentrierte Mineralsäuren

p_H-Wert 2 = verdünnte Mineralsäuren

p_H-Wert 3 = konzentrierte Zitronen- und Weinsäure

p_H-Wert 4 = Haarglanzspülungen (Adstringierung), Packungen mit Gerbwirkung

p_H-Wert 5 = Säuremantel der Haut, Hautwässer, Onalkali - Haarwaschseife

p_H-Wert 6 = Kohlensäure, alkalifreie Haarwaschseife
p_H-Wert 7 = destilliertes Wasser
p_H-Wert 8 = milde Seifen, verdünnte Boraxlösung
p_H-Wert 9 = Seifen, Blondiermittel, Dauerwellwasser, Kaltwellprä-
parate, Haarfarben
p_H-Wert 10 = Sodalösungen
p_H-Wert 11 = Salmiakgeist
p_H-Wert 12 = verdünnte Natron- und Kalilaugen
p_H-Wert 13 =
p_H-Wert 14 = konzentrierte Natron- und Kalilaugen

Abb. 18. Feststellung des p_H-Wertes mittels des Universal-Indikatorpapieres

Der Friseur kann sich meistens die Messung des p_H-Wertes ersparen, da er durch die chemische Industrie vollwertige Erzeugnisse in die Hand bekommt. Mit dem Indikatorpapier ist dem Friseur aber die Möglichkeit gegeben, zur Orientierung über unbekannte Präparate und Mittel den p_H-Wert zu kontrollieren.

Durch das Vorhandensein einer Ionenart ist gleichzeitig die andere Ionenart mitbestimmt. Ist der Stand der H-Ionen hoch, so muß der Stand der OH-Ionen demzufolge tief sein. Zum besseren Verständnis dient folgende Tabelle, welche dies durch Gegenüberstellung veranschaulicht.

	p_H-Wert	Wasserstoff-Ionen H-Ionen	Hydroxyl-Ionen OH-Ionen	Rationelle Schreibweise
Stärkste Säure	0	1	0,0000000000001	$1\cdot10^{-0}$
Starke Säure	1	0,1	0,000000000001	$1\cdot10^{-1}$
Normale Säure.......	2	0,01	0,00000000001	$1\cdot10^{-2}$
Abgeschwächte Säure	3	0,001	0,0000000001	$1\cdot10^{-3}$
Geschwächte Säure ..	4	0,0001	0,000000001	$1\cdot10^{-4}$
Schwächere Säure....	5	0,00001	0,00000001	$1\cdot10^{-5}$
Schwache Säure	6	0,000001	0,0000001	$1\cdot10^{-6}$
Neutrale Lösung	7	0,0000001	0,0000001	$1\cdot10^{-7}$
Schwache Lauge	8	0,00000001	0,000001	$1\cdot10^{-8}$
Schwächere Lauge ...	9	0,000000001	0,00001	$1\cdot10^{-9}$
Geschwächte Lauge ..	10	0,0000000001	0,0001	$1\cdot10^{-10}$
Abgeschwächte Lauge	11	0,00000000001	0,001	$1\cdot10^{-11}$
Normale Lauge	12	0,000000000001	0,01	$1\cdot10^{-12}$
Starke Lauge	13	0,0000000000001	0,1	$1\cdot10^{-13}$
Stärkste Lauge	14	0,00000000000001	1	$1\cdot10^{-14}$

Aus dieser Tabelle ist ersichtlich, daß bei jedem nächsten p_H-Wert die Anzahl der Wasserstoff-Ionen zehnfach geringer ist als beim vorhergehenden, bei den Hydroxyl-Ionen ist es umgekehrt. Weiterhin ersehen wir aus der Tabelle, daß beim p_H-Wert 14 die Anzahl der OH-Ionen das Hundertmillionenfache der H-Ionen beträgt, während beim p_H-Wert 0 das Gegenteil zu verzeichnen ist.

Salze

Wenn wir am Anfang bei der Einführung in die Chemie gelernt haben, daß durch das Zusammenkommen chemischer Stoffe ein neuer Stoff mit anderen Eigenschaften entsteht, so trifft dies auch beim Zusammenkommen von Alkalien und Säuren zu. Es entsteht ein neuer Stoff, welcher auch andere Eigenschaften besitzt. Den Stoff, der durch das Zusammentreten von Säuren und Basen entsteht, nennt man ein Salz. Das bekannteste Salz ist unser Kochsalz, wovon einiges erläutert sein soll.

Die Bedeutung des Kochsalzes für den Menschen.

Das Kochsalz ist das älteste Salz, das von den Menschen auch schon auf den frühesten Kulturstufen als Zusatz zu ihrer Nahrung gesucht und oft weit her geholt wurde. Die Bezeichnung „hall", die Salz oder Salzgewinnungsstätte bedeutet, und mit dem griechischen „hals" = Salz verwandt ist, begegnet uns häufig in Ortsnamen. Solche Salzfundstätten waren vom Altertum bis in die Neuzeit viel umstrittene Mittelpunkte des Handels und Verkehrs, wie z. B. Reichenhall im Salzkammergut und Halle an der Saale. Das Salz selbst war eines der ersten Frachtgüter und ein wertvoller Gegenstand des Tauschhandels. Selbst zu dem bescheidensten Tischgerät gehörte schon frühzeitig ein silbernes Salzfaß. Für Mensch und Tier ist das Kochsalz ein unentbehrlicher Zusatz zur Nahrung, wie es denn auch ein wesentlicher Bestandteil des Blutes ist. Wenn auch die tierischen Nahrungsstoffe, wie vor allem das Fleisch, bereits Salz enthalten, nimmt der Mensch aber immer noch etwa 7 kg im Jahre nebenbei auf. Das Meer enthält größere Mengen von Kochsalz, neben einigen anderen Salzen, die man beim Eindampfen von Meerwasser erhält. Das Meer hat schon seit den ältesten Zeiten Kochsalz geliefert. Die alten Griechen und Römer gewannen es bereits daraus durch die Verdunstung des Wassers in der Sonnenwärme. In den Mittelmeerländern (Südfrankreich, Italien, Spanien usw.) wird heute noch viel Kochsalz in den bekannten „Salzgärten" gewonnen. Dies sind natürliche oder künstliche flache Buchten, in die durch Schleusen von Zeit zu Zeit neues Meerwasser hineingelassen wird, das unter Ausscheidung des Kochsalzes verdunstet. An zahlreichen Orten treten aus der Erde salzhaltige Quellen hervor, sogenannte Salzsolen, oder werden aus der Erde gepumpt (Halle, Dürrenberg bei Leipzig, Schönebeck bei Magdeburg, Bad Sulza bei Apolda, Lüneburg, Reichenhall, Bad Nauheim, Bad Kreuznach u. a. m.). Durch Eindampfen dieser Salzsolen gewinnt man von alters her das Kochsalz als Siedesalz, das meist reiner ist als Meersalz. Sind die Solen nicht hinreichend gesättigt (das heißt unter 23 bis 25 v.H.), so läßt man sie zur Ersparung von Brennstoff zuvor über ein Gradierwerk, ein mit Dornenreisig ausgefülltes Gerüst laufen. Der größte Teil des in Deutschland verbrauchten Kochsalzes wird jedoch durch den bergmännischen Abbau von Steinsalz gewonnen, das gewaltige, bis zu 1000 und mehr Meter mächtige Lager unter dem Boden fast ganz Deutschlands, vor allem aber Norddeutschlands bildet. Diesen durch die Natur uns gegebenen Stoff kann man auch auf chemischem Wege künstlich herstellen, und dies wollen wir in einem Versuch tun (Abb. 19).

Haben wir eine Glasschale, in der sich Natronlauge befindet, geben hierzu die zur gegenseitigen Bindung nötige Menge Salzsäure und lassen die somit

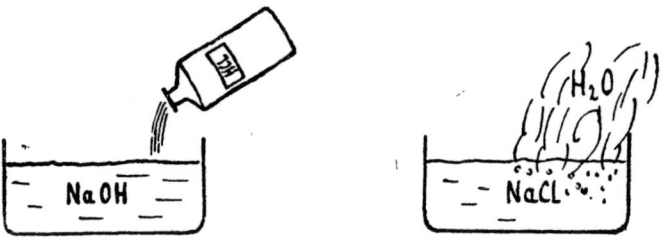

Abb. 19. Die chemische Herstellung von Kochsalz

erhaltene Lösung verdampfen, so bleibt ein weißer Rückstand übrig, nämlich das Kochsalz. Formelmäßig würde der Vorgang folgendermaßen aussehen:

Natronlauge	Salzsäure	Kochsalz	Wasser
NaOH	+ HCL	= NaCl	+ H$_2$O

Natronlauge färbt rotes Lackmuspapier blau, Säure dagegen blaues
Lackmuspapier rot. Prüfen wir nun den neuen Stoff, so stellen wir fest, daß
sich rotes sowie blaues Lackmuspapier nicht verändert, also ist der Stoff
neutral.
Da man von vornherein nur sehr schwierig die richtigen Mengen von Lauge
und Säure genau bestimmen kann, so daß sich ein neutrales Salz ergibt, so
muß man, wenn nach dem Eindampfen das Salz noch alkalisch reagiert,
ein bis zwei Tropfen Salzsäure zusetzen, bis sich bei der Prüfung eine neutrale Lösung zeigt. Reagiert das Salz aber sauer, so ist es ein Zeichen, daß
zuviel Salzsäure verwendet worden ist, die von der Natronlauge nicht restlos abgebunden werden konnte. In diesem Falle feuchtet man das Salz mit
Wasser an und trocknet es noch einmal durch Erhitzen mit der Flamme.
Salzsäure ist beim Erhitzen flüchtig, sie verdampft. Natronlauge verdampft nicht. Wenn wir nun mit dem Kochsalz neutrales Salz kennengelernt haben, so gibt es auch Salze, welche nach ihren Komponenten
Lauge und Säure keinen Ausgleich ergeben, da eine von beiden stärker
ist als die andere.
Es gibt also neutrale, saure und alkalische Salze. Weinstein ist ein saures
Salz und besteht aus Ätzkali und Weinsäure. Es reagiert deshalb sauer, weil
die Weinsäure im Weinstein die Kalilauge mengenmäßig übertrifft. Bei den
alkalischen Salzen ist das Gegenteil der Fall, hier ist das Alkali stärker als
die Säure. So gibt es eine Reihe von alkalischen Salzen, die uns in unserem
Beruf oft begegnen und zur Anwendung kommen, wie Borax, Pottasche,
Soda, Hirschhornsalz usw. Die in diesen Salzen enthaltenen Säuren (Bor-
säure, Kohlensäure) sind chemisch sehr schwach, so daß das Alkali überwiegt. Es gibt noch ein uns sehr bekanntes alkalisches Salz, welches wir in
unserem Beruf sehr oft gebrauchen, es ist die Seife.

Die Seife

Die Seife ist chemisch gesehen auch ein alkalisches Salz, da es aus der schwachen Fettsäure und einer stark alkalischen Lauge besteht. Ihre Herstellung
und ihren Gebrauch als Reinigungsmittel kennt man schon seit Jahrhunderten. Die Verbraucher stellten sie auf einfache Art aus Tierfetten und gebrannter Buchenasche (Pottasche) selbst her. Erst viel später entstand mit
dem zunehmenden Verbrauch ein Gewerbezweig, die Seifenindustrie.
Als Werkstoff und auch als Verkaufsartikel nehmen die Seifen im Friseur-
geschäft heute einen großen Platz ein. Der Zweck ihrer Verwendung ist sehr

verschieden, je nachdem ob es sich um Toilettenseife, Rasierseife, Haarwaschseife, Waschseife usw. handelt. Die Grundstoffe, aus denen die Seifen bestehen, sind trotz der Verschiedenheiten aber ziemlich gleich. Man teilt die Seifen nach ihrer Beschaffenheit, die sich sowohl ihren chemischen als auch physikalischen Eigenschaften nach wesentlich voneinander unterscheiden, in zwei große Gruppen ein.

Als eine Gruppe gibt es die harten Seifen, die Natronseifen, welche entweder durch Aussalzen einer Kaliseife oder durch eine direkte Verseifung mit Natronlauge entstehen. Unterscheiden kann man bei den harten Seifen Kern- und Leimseifen. Die andere Gruppe nennt man die weichen Seifen. Diese sind fast immer Kaliseifen, die aus Kalilauge und Ölen aus dem Tier- und Pflanzenreich hergestellt werden. In den fertigen Seifen sind außer dem Fettgehalt als weitere Bestandteile noch die Parfüme, Farben, Kräuter usw. enthalten. In der nachfolgenden Zeichnung (Abb. 20) ist die Grundlage der Seifenherstellung schematisch erläutert. Wir sehen da als Hauptgrundstoffe die Alkalien und die Fette. Sie kommen in einen großen Kessel, der unterfeuert wird. Durch ein im Kessel befindliches Rührwerk wird die Masse immer in Bewegung gehalten. Durch die Hitze und die Bewegung, welche auf beide Stoffe einwirken, findet eine chemische Umsetzung der Stoffe statt. Das vorhandene Fett wird durch die Lauge in Fettsäure und Glyzerin gespalten. An die Stelle des Glyzerins tritt das Alkali (Kalium oder Natrium). Verwendet man Kalilauge, dann bildet sich, wie schon vorher erwähnt, eine weiche Schmierseife und bei Natronlauge eine feste Seife. Je nach der Beschaffenheit der Seifenmasse gibt man noch Lauge hinzu. Es bildet sich oben ein Seifenkern, während das Glyzerin in die sogenannte

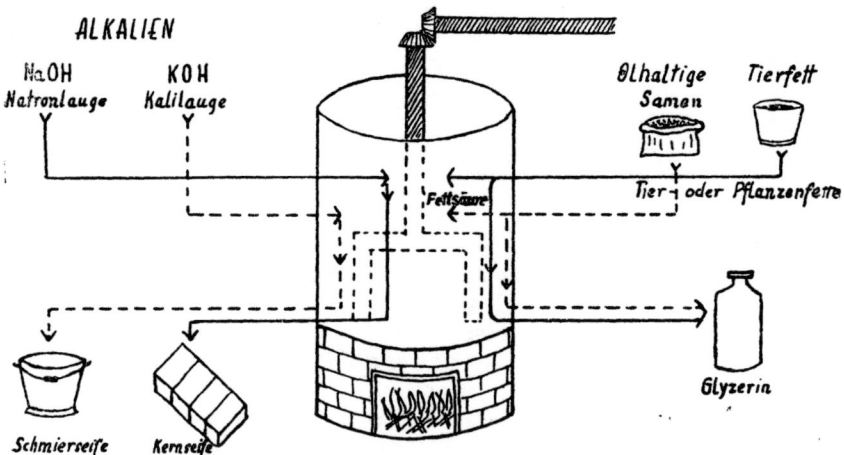

Abb. 20. Die Seifenherstellung

Unterlauge absinkt. An einer Skizze kann man den Vorgang folgendermaßen darstellen:

Als Ausgangsstoffe nehmen wir:

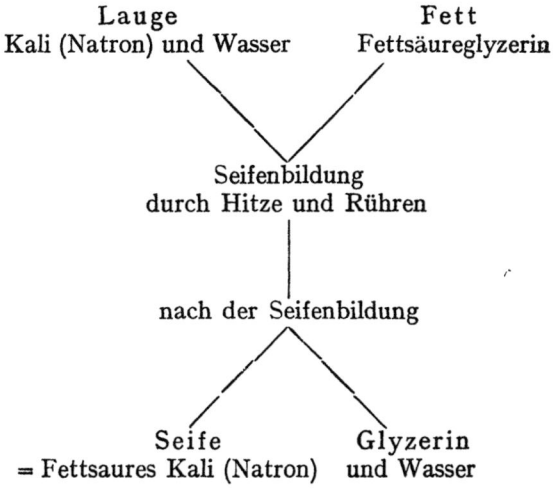

Lauge   Fett
Kali (Natron) und Wasser   Fettsäureglyzerin

Seifenbildung
durch Hitze und Rühren

nach der Seifenbildung

Seife   Glyzerin
= Fettsaures Kali (Natron)   und Wasser

Man kann sich daraus ein Bild machen, wie die Seifenherstellung vor sich geht. Allerdings dienen dazu genau abgewogene Fettmengen und das zu ihrer Verseifung erforderliche Laugenquantum. Hat die Masse den gewünschten Stand des Seifenleimes erreicht, so kommen eine Reihe anderer Prozesse wie das Aussalzen, Klarsieden, Schleifen, welche nachstehend Erklärung finden.

Der Ausdruck „Aussalzen" hat sich erhalten, trotzdem dieser Vorgang heute auf andere Art als mittels Kochsalzes ausgeführt wird. Der Ausdruck „Klarsieden" braucht keine nähere Erklärung mehr, da hier der Zweck schon aus dem Wort hervorgeht, nämlich das Gemisch zu einer klaren Masse zu sieden. Unter dem weiteren Vorgang, dem Schleifen, versteht man das Zuführen von Wasser in die Seife, um eine Verbilligung der Seife zu erzielen. Nach der Art der Bereitung unterscheidet man folgende Seifenarten: Kernseifen sind Seifen, die durch Aussalzen von überschüssigem Wasser und Glyzerin getrennt werden. Geschliffene Seifen sind gefüllte Kernseifen, die nach der Verseifung zum zweiten Male mit schwacher Lauge oder Wasser aufgekocht werden. Diese sind deshalb wasserhaltiger und weicher. Durch Erstarrenlassen des fertiggekochten Seifenleimes bereitet man Leimseifen. Sie enthalten alles im Fett vorhandene Glyzerin und das der Lauge zugeführte Wasser. Somit ist der Wassergehalt 40%ig und mehr. In früheren Zeiten war die Seifenherstellung noch sehr primitiv im Gegensatz zu heute. Man verbrannte Meer- und Landpflanzen, die daraus entstehende Asche enthielt Alkalien, welche aber noch an Kohlensäure gebunden sind. Diese vermischen sich wohl mit Fett, gehen aber keine Verbindung ein, können also auch nicht, wie man sagt, ,,verseifen". Um die Kohlensäure von den Alkalien zu trennen, behandelte man die Asche mit Ätzkalk in wässerigem Brei. Das Alkali wurde hierdurch kohlensäurefrei, also ätzend gemacht. Die Asche selbst wurde in gebrannten Tontöpfen gesammelt, weil sie leicht feucht wird und zerfließt. Man nannte sie deshalb Pottasche (Pott = Topf). Durch die Entwicklung der Chemie kam man später auf die heutige Methode, wie sie vorstehend veranschaulicht und beschrieben ist.

Mit der Entwicklung der Kenntnisse in der Chemie war man auch zu der Wirkung der Seife auf das Haar gelangt. Dieses Gebiet soll uns als nächstes beschäftigen, da wir als Friseure bei unseren Arbeiten täglich mit dem Haar und der Seife in Berührung kommen.

Die Wirkung der Seife auf das Haar

Früher kannte man die Auswirkungen der Seife auf die Haut und das Haar noch nicht, man kam aber bald dahinter, daß das Haar nach dem Waschen seinen schönen Glanz verliert. Da griff man zu einem Hausmittel, nämlich dem Essig, den man in verdünnter Form zum Nachspülen verwendete. Als man aber die Nachteile der Seife für das Haar erkannte, erforschte man, was mit dem Haar während des Waschprozesses vorging. Alkalien besitzen eine große Laugfähigkeit, wodurch beim Waschen das Haar auch angegriffen wird. Untenstehende Abb. 21 verdeutlicht ein Haar vor und nach einer

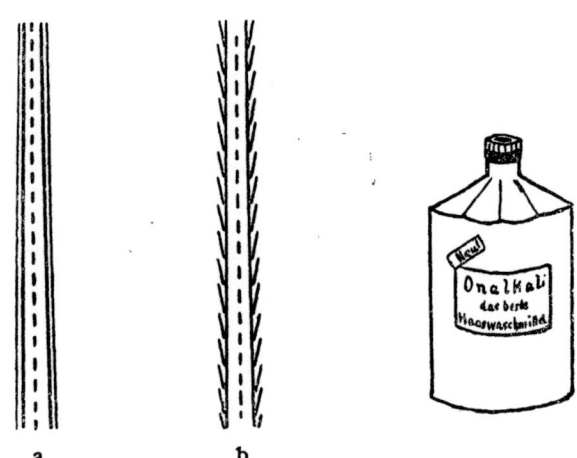

a   b

Abb. 21. Das menschliche Haar (schematisch, stark vergrößert). a vor und b nach einer Haarwäsche mit alkalischer Seife

alkalischen Wäsche. Wir erkennen hieran, daß die Schuppen (Hornschicht des Haares) sich durch die Auslaugung gespreizt haben. Somit ist auch erklärlich, daß das Haar seinen Glanz verliert. Durch eine saure Spülung legt sich die Hornschicht wieder an. Würde man aber diese saure Spülung unterlassen, so wäre dies für das Haar, sofern es nur einmal geschieht, nicht von großem Nachteil. Mit der Zeit würde dies aber für das Haar große schädigende Wirkung haben, da das Haar hierdurch spröde und brüchig wird. Man wollte nun beim Haarwaschen die zwei Arbeitsvorgänge (Waschen und Spülen) vereinfachen, und es gelang auch der Seifenindustrie, im Jahre 1932 ein Waschmittel auf den Markt zu bringen, das aus Fettverbindungen hergestellt, eine größere Netzfähigkeit und Reinigungskraft hat, dabei aber im Gegensatz zu den alkalischen Seifen auf das Haar zusammenziehend wirkt. Es tauchte zuerst unter dem Namen ,,Onalkali'' auf. Endlich hatte man erreicht, was man schon lange anstrebte, nämlich eine Seife, welche das Haar nicht mehr stumpf und brüchig macht und auch keine schädigenden Wirkungen auf das Haar ausüben konnte. Die Forschung hat es verstanden, bis heute neben der alkalischen und alkalifreien Seife noch eine neutrale Seife zu produzieren, um somit allen Arbeitsvorgängen und Ansprüchen in unserem Beruf gerecht zu werden. Alkalische Seife benutzt man heute nur noch vor Dauerwellen, Färben und bei sonstigen Arbeitsvorgängen, wo man eine Erweichung des Horngebildes erzielen will. Die alkalifreien Seifen finden bei der normalen Haarbehandlung Anwendung, während die neutralen Seifen dort verwendet werden, wo wohl eine alkalische Wäsche benötigt wird, aber das Haar bei einer alkalischen Wäsche durch seine Porosität zu weich und zu schwammig würde.

Wir haben nun kennengelernt, daß die Seifen je nach ihrem Verwendungszweck verschiedene Wirkungen haben müssen. Die einzelnen Arten seien nochmals angeführt, welche man durch die Mischung der Rohstoffe erhält, feste, weiche, feinschaumige, großschaumige, alkalisch wirkende, neutral wirkende und überfettete (alkalifreie) Seifen.

Ein Übelstand bei der Haarwäsche ist die Bildung der sogenannten Kalkseife, welche aus den im Wasser enthaltenen Kalksalzen durch Umsetzung mit der Seife entsteht (siehe unter Destillieren). Dieser Kalk bildet, sobald er mit Seife zusammenkommt, unlösliche Kalkseife, die nach dem Waschen als grauer Belag auf dem Haar sichtbar ist und auch nicht durch öfteres Spülen mit Wasser beseitigt werden kann. Auch für den Friseur hat diese Kalkseife unangenehme Nebenwirkungen, besonders dann, wenn nach der Wäsche noch Präparationen wie Färben, Bleichen (Blondieren), Dauerwellen vorgenommen werden sollen. Das mit der Kalkseife ungleichmäßig bedeckte Haar nimmt die Stoffe nur ungleich auf, dies führt zu Fehlresultaten. Zur Prüfung der Seife dient die Probe mit Lackmuspapier, woran man erkennt, ob es sich um eine alkalische, alkalifreie oder neutrale Seife handelt. Es sollen hier noch einige Erklärungen über die Herstellung von Spezialseifen folgen.

Toilettenseife

Zunächst stellt man aus reinsten Fetten eine sehr gute Kernseife her. Diese wird gehobelt, geschmolzen, mit Farb- und Riechstoffen gemischt und in Formen gepreßt. Der hohe Preis der Toilettenseifen wird vor allen Dingen durch den Zusatz der teuren ätherischen Öle verursacht.

Toilettenseife muß mild und frei sein von unverseiften Fetten und nicht gebundener Natron- oder Kalilauge. Die freien Alkalien bilden insofern eine Gefahr, als sie das Haar und die Haut angreifen und auflösen.

Transparentseifen

Transparentseifen werden ebenso hergestellt. Nach dem Klarwerden des flüssigen Seifenkörpers durch Weingeist wird Glyzerin zugegeben. Verdunstet dann der Weingeist, so entsteht wieder eine feste Seife.

Medizinische Seifen

Medizinische Seifen enthalten medikamentöse Stoffe, z. B. Karbol, Sublimat, Teer, Schwefel, Brom, Terpentin, Salizyl, Jod usw., welche eine reizende, heilende oder desinfizierende Wirkung auf die Haut ausüben. Diese Stoffe werden guter Talgkernseife nach der Bereitung beigemischt.

Rasierseifen

Zur Herstellung der Rasierseifen verwendet man die gleichen Fette wie bei einer Toilettenseife, z. B. Schmalz, Talg, Kokosöl, Stearin usw. Die Verseifung erfolgt im Gegensatz zur Toilettenseife mit einem Gemisch aus Natron- und Kalilauge; allerdings hat jede Fabrik ihre besonderen Rezepte zur Herstellung. Es gibt Rasierseife in Stücken, in Tuben und als Pulver. Zum Schlusse sei noch erwähnt, wie das Formen der Seifenstücke geschieht. Der Vorgang wird mechanisch durch Maschinen betrieben, die die Seifenmasse zuerst in längere Streifen pressen und dann in Stücke abteilen. Durch weiteres Pressen werden die Stücke geformt und mit Schrift versehen. Das Glätten und Glänzendmachen, das sogenannte Lustrieren, ist die letzte Arbeit. Die Stücke werden starkem Wasserdampf ausgesetzt, wodurch sie einen glatten Überzug erhalten, der durch Nachreiben glänzend wird. Bei billigen Seifen verbindet man das Lustrieren mit dem Parfümieren. In diesem Falle werden die Dämpfe parfümiert. Die Seifenstücke ziehen das Parfüm an und sind so, wenn auch nur in der obersten Schicht, parfümiert.

Soweit unser Abschnitt „Die Eigenschaften der chemischen Verbindungen".

Die behandelten Themen lauteten: Laugen, Säuren, Salze. Anschließend an das Thema Salze fand auch die Seife ihre Erklärung. Der nächste Abschnitt soll uns nun mit chemischen Verbindungen und Grundstoffen vertraut machen, mit denen wir in unserem Beruf täglich in Berührung kommen.

10. ABSCHNITT

Die wichtigsten Chemikalien für den Friseurberuf

Wasser (H_2O)

Auf die chemische Zusammensetzung des Wassers braucht hier nicht mehr eingegangen zu werden, da es in den vorhergehenden Abschnitten schon genügend behandelt worden ist. Wir wenden uns nun den Stoffen zu, von denen wir genaue Kenntnis haben müssen.

Wasserstoffsuperoxyd (H_2O_2)

Wie uns die Formel schon sagt, besteht Wasserstoffsuperoxyd aus 2 Teilen Wasserstoff = H (Hydrogenium) und aus 2 Teilen Sauerstoff = O (Oxygenium). Um zu erkennen, ob es sich bei einer Flüssigkeit um Wasserstoffsuperoxyd handelt, kann man zwei Proben anstellen. Als erstes Mittel (Reagenz) dient Titansulfat. Setzt man der zu untersuchenden Flüssigkeit Titansulfatlösung zu, so tritt bei Vorhandensein von Wasserstoffsuperoxyd eine Gelbfärbung ein, da sich Peroxydtitansäure bildet. Als zweite Probe kann man sich einer schwach angesäuerten Kaliumpermanganatlösung bedienen. Bei Vorhandensein von Wasserstoffsuperoxyd entfärbt sich selbige.

Wasserstoffsuperoxyd kommt in drei Arten in den Handel, und zwar

1. H_2O_2 30 Gew.-% unter der Bezeichnung „Perhydrol";
2. H_2O_2 30% medizinisch, pharmazeutisch, chemisch rein;
3. technisches H_2O_2 30 Volumen-%.

Folgende Formel soll dazu dienen, die Herstellung des Wasserstoffsuperoxyds zu erläutern.

$$BaO_2 \qquad + H_2SO_4 \qquad = BaSO_4 \qquad + H_2O_2$$

das bedeutet:

	2 Wasserstoff	1 Barium	2 Wasserstoff
1 Barium	1 Schwefel	1 Schwefel	2 Sauerstoff
2 Sauerstoff	4 Sauerstoff	4 Sauerstoff	

Bariumsuperoxyd + Schwefelsäure = Bariumsulfat + Wasserstoffsuperoxyd

Betrachten wir die beiden Seiten der Formel, so erkennen wir, daß kein Stoff verlorengeht.

Erläuterung:

Gibt man dem Bariumsuperoxyd Schwefelsäure zu, erhält man durch chemische Umsetzung dann Bariumsulfat und Wasserstoffsuperoxyd. Barium-

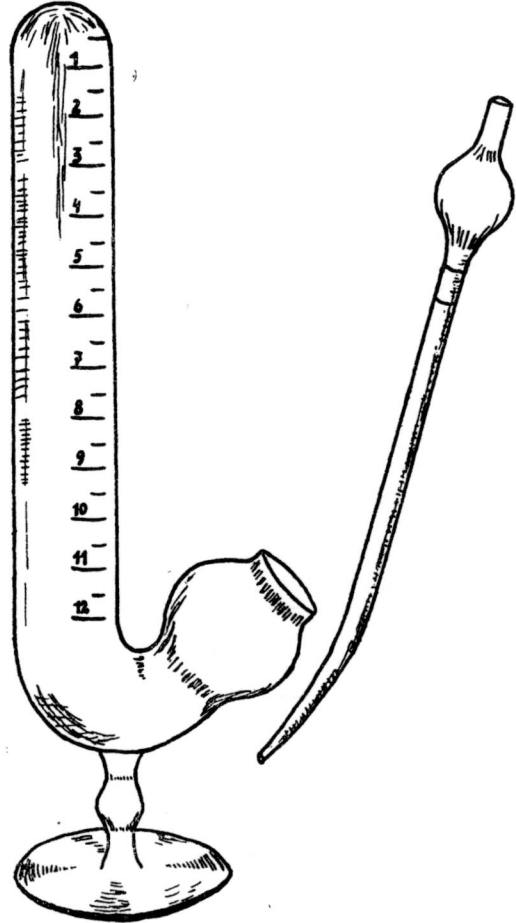

Abb. 22.
Der Prüfapparat für Wasserstoffsuperoxyd

sulfat ist ein weißes feines Pulver und völlig unlöslich. Es wird auf einfache Weise durch Filtrieren von der Flüssigkeit getrennt. Die Flüssigkeit enthält Wasserstoffsuperoxyd in wässeriger Lösung. Dieses erhaltene Wasserstoffsuperoxyd wird in einer Säure stabilisiert, das heißt haltbar gemacht, um eine Zersetzung zu verhindern, da es die Neigung besitzt, unter Abgabe von Sauerstoff in Wasser überzugehen. Kann man sich nun beim Kauf von Perhydrol (30% H_2O_2) darauf verlassen, daß es wirklich 30%ig ist und nicht schwächer? Diese Frage ist schwer zu beantworten, denn man weiß nicht, wie lange das Wasserstoffsuperoxyd schon beim Apotheker gelagert hat; durch eine lange Lagerung läßt nämlich der Gehalt an H_2O_2 nach. Zu dieser Feststellung bedient man sich am besten eines Wasserstoffsuperoxydprüfgerätes, mit welchem man den genauen Prozentgehalt des Wasserstoffsuperoxydes ermitteln kann. Zu diesem Prüfgerät (siehe Abb. 22) gehören 1. das Prüfgerät selbst, in welchem sich eine Kupfersalzlösung (Kupfersulfatlösung, dem die zur Umwandlung nötige Menge Salmiakgeist zugesetzt ist) befindet und als 2. die Saugpipette. Die nebenstehende Zeichnung veranschaulicht dieses Gerät. Es handelt sich bei dem Gerät um einen oben geschlossenen Meßzylinder, dessen unteres Ende umgebogen kugelförmig erweitert ist und mit der Öffnung nach oben endet.

Die Saugpipette ist eine längliche Röhre, welche unten umgebogen ist; hinter der kugelförmigen Verdickung befinden sich zwei Markierungen. Der Rauminhalt zwischen diesen beiden Markierungen beträgt genau 1 ccm. Wir wollen nun dazu übergehen, die Konzentration von Wasserstoffsuperoxyd zu messen. Der Vorgang ist denkbar einfach. Man saugt das zu messende Wasserstoffsuperoxyd bis zur obersten Markierung an, schließt die obere Öffnung der Pipette mit dem Zeigefinger, führt dann die Pipette (siehe Abb. 23) in das mit Kupfersalzlösung gefüllte Prüfgerät, und zwar so weit, daß das gebogene Ende der Saugpipette bis in den Meßzylinder hineinreicht. Durch

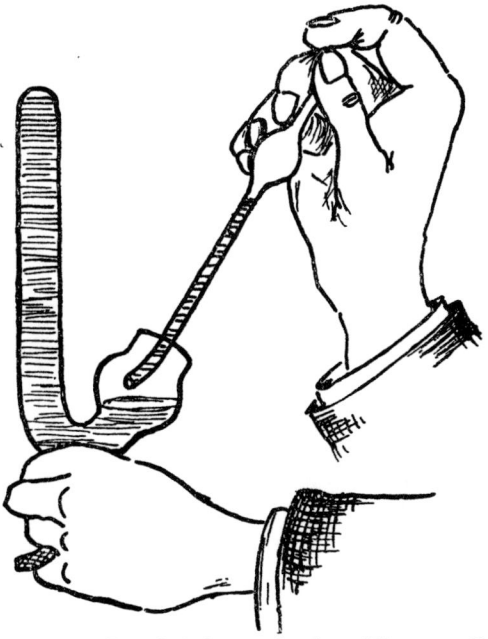

Abb. 23. Das Arbeiten mit dem Wasserstoffsuperoxydprüfgerät

vorsichtiges Lüften des Zeigefingers an der Pipette läßt man die Wasserstoffsuperoxydlösung langsam in das Prüfgerät fließen, aber nur bis zur unteren Markierung an der Pipette, so daß 1 ccm der Lösung in das Prüfgerät gelangt ist. Durch die Mischung der Flüssigkeiten bildet sich im Steigrohr Sauerstoff, der nun zum Zylinder emporsteigt und die Kupfersalzlösung herunterdrückt. Die entwickelte Sauerstoffmenge wird an der Skala abgelesen (siehe Abb. 24), sie entspricht der Prozentzahl, oder wie man sagt, der Wertigkeit des Wasserstoffsuperoxyds. Da die meisten Prüfgeräte nur bis höchstens 15% messen können, ist es ratsam, die Wasserstoffsuperoxydlösung vorher 1:1 mit Wasser zu verdünnen. Wichtig ist es auch, daß man die Saugpipette nach jedem Gebrauch gut ausspült, bevor man eine neue Lösung damit ansaugt. Wir können somit alle Wasserstoffsuperoxydlösungen auf ihren Prozentgehalt messen; denn weiß man erst genau, welche Wertigkeit das Wasserstoffsuperoxyd hat, kann man auch genau arbeiten, und für Vollkommenheit in der Haarbearbeitung ist eine genaue Arbeit die Voraussetzung.

Aber nicht nur die Ermittlung des Prozentgehaltes ist wichtig, sondern auch die richtige Berechnung des Gehaltes des benötigten Wasserstoffsuperoxyds gehört zur genauen Arbeit. Denn man darf bei Arbeitsvorgängen, zu denen man Wasserstoffsuperoxyd verwendet, sei es beim Blondieren (Bleichen), Beizen, Färben, Fixieren, Desinfizieren usw., nie seine Arbeit mechanisch ausführen; dafür stellt unser Beruf zu hohe Anforderungen, wenn man der Kundschaft gerecht werden will, und verlangt es, verantwortungsvoll zu handeln. Die meisten Fachleute gehen hier nach folgender Berechnung:

1 Tabl. oder 1 cm³ 30%iges H_2O_2 auf 29 cm³ Verdünnung (Wasser) = 1%ige Lösung,

2 Tabl. oder 2 cm³ 30%iges H_2O_2 auf 28 cm³ Verdünnung (Wasser) = 2%ige Lösung,

3 Tabl. oder 3 cm³ 30%iges H_2O_2 auf 27 cm³ Verdünnung (Wasser) = 3%ige Lösung,

4 Tabl. oder 4 cm³ 30%iges H_2O_2 auf 26 cm³ Verdünnung (Wasser) = 4%ige Lösung,

8 Tabl. oder 8 cm³ 30%iges H_2O_2 auf 22 cm³ Verdünnung (Wasser) = 8%ige Lösung,

10 Tabl. oder 10 cm³ 30%iges H_2O_2 auf 20 cm³ Verdünnung (Wasser) = 10%ige Lösung.

Abb. 24.
Das Meßergebnis beim Wasserstoffprüfgerät

Wir brauchen aber nicht immer 30 cm³ Lösung, sondern bei verschiedenen Arbeiten werden mehr als 30 cm³ benötigt, und da muß man, ohne auf 30 schließen zu können, jede Menge und Lösung berechnen können. Hat man z. B. 15 Wasserstoffsuperoxydtabletten und ein halbes Liter Wasser; eine wieviel prozentige Lösung würde dies ergeben? Dies ist gar nicht so schwer, man braucht sich nur folgenden Satz, welcher die Formel ausdrückt, gut einzuprägen:

Will man die Prozente einer Lösung ermitteln, so multipliziere man die angegebene Tablettenmenge (bei flüssigem H_2O_2 die Kubikzentimeter) mit ihrer Wertigkeit, dividiere das erhaltene Pro-

dukt durch die Gesamtmenge (Flüssigkeit + Tabletten bzw. Kubikzentimeter), so erhält man die Stärke der Lösung in Prozent. (Wertigkeit bedeutet die Stärke der Tablette.)

Beispiel:

Die angegebene Tablettenmenge ist 15 × Wertigkeit, also 30, so ergibt
sich die Zahl 450; diesen Wert dividiere man durch die Gesamtmenge,
welche sich aus der Flüssigkeit, in dem Fall ½ Liter = 500 cm³, und der
Tablettenmenge, also 15, zusammensetzt. Die Rechnung sieht dann folgendermaßen aus:

Tabletten × Wertigkeit dividiert durch Gesamtmenge (Flüssigkeit + Tabletten)

$$15 \quad \times 30 = 450 \quad : \quad 500 + 15 = 515 \text{ cm}^3$$

$$450 : 515 = 0{,}873$$
$$\underline{4120}$$
$$\underline{3800}$$
$$\underline{3605}$$
$$\underline{1950}$$
$$\underline{1545}$$
$$405$$

also wäre diese Lösung aufgerundet 0,9%ig.

Rechne zur Übung folgende Lösungen aus:

12 Tabletten auf zwei drittel Liter Wasser,
20 Tabletten auf drei fünftel Liter Wasser,
125 Tabletten auf ein fünftel Liter Wasser,
44 Tabletten auf 220 cm³ Wasser,
10 Tabletten auf 300 cm³ Wasser,
17 Tabletten auf 314 cm³ Wasser,
31 Tabletten auf zwei achtel Liter Wasser.

Hat man keine Tabletten, sondern nur flüssiges Wasserstoffsuperoxyd, welches aber nur noch eine Wertigkeit von 26% hat, so ist die Rechenart dieselbe; die richtige Wertigkeit ist dabei zu beachten.

Beispiel:

$$14 \text{ cm}^3 \text{ 26\%iges } H_2O_2 \text{ auf } 125 \text{ cm}^3 \text{ Wasser}$$

Rechnung:

Menge H_2O_2-Flüssigkeit × Wertigkeit dividiert durch Wasser und H_2O_2-
Flüssigkeit

$$14 \times 26 : 125 + 14 \text{ also:}$$
$$364 \qquad : 139 \qquad = 2{,}61\%,$$

also wäre diese Lösung aufgerundet 3%ig.

4*

Rechne zur Übung folgende Lösungen aus:

121 cm³ 24%iges H_2O_2 auf 0,753 Liter Wasser,
19 cm³ 29%iges H_2O_2 auf 1¼ Liter Wasser,
36 cm³ 20%iges H_2O_2 auf vier fünftel Liter Wasser,
28 cm³ 17%iges H_2O_2 auf 45 cm³ Wasser,
20 cm³ 15%iges H_2O_2 auf 285 cm³ Wasser,
37 cm³ 28%iges H_2O_2 auf vier zehntel Liter Wasser.

Haben wir uns diese Prozentermittlung gut eingeprägt, können uns bei der Berechnung von Lösungen keine Fehler mehr unterlaufen.

Wie ist aber in folgendem Falle vorzugehen?

Eine Kundin mit Zopf möchte ihr Haar blondiert haben (Neublondierung), hierzu brauchen wir größere Mengen von Blondiermasse, angenommen ungefähr 260 cm³. Was wäre zu tun, um eine Lösung von 260 cm³ 8%iger Blondiermasse herzustellen? Auch diesen Formelsatz müssen wir uns einprägen, um auch solche Aufgaben sicher lösen zu können. Der Formelsatz lautet: Soll man eine Lösung zusammenstellen, von welcher die Menge und Prozentigkeit bekannt sind, so muß man die verlangte Prozentzahl mit der Lösungsmenge multiplizieren und die so erhaltene Summe durch die Wertigkeit des verfügbaren H_2O_2 dividieren. Diese Zahl ist dann die Tablettenmenge (bzw. Kubikzentimeter).
Lösungsmenge minus Tablettenmenge ergibt dann die Flüssigkeitsmenge.

Beispiel:

8 × 260 = 2080: 30 = 69,3, also 69 Tabletten oder 69 cm³ 30%iges H_2O_2.

Lösungsmenge   = 260 cm³
− Tablettenmenge = 69
= Flüssigkeitsmenge: 191 cm³

Zur Übung berechnet man folgende Lösungen. Wieviel Kubikzentimeter bzw. Tabletten und wieviel Flüssigkeit benötige ich dazu?

340   cm³   8%ige Lösung,
1300   cm³   12%ige Lösung,
½   Liter   3%ige Lösung,
5   Liter   6%ige Lösung,
0,750 Liter 15%ige Lösung.

Verfügt man aber nicht über Tabletten oder 30%iges H_2O_2 für die Anfertigung der Lösung, so muß man durch die betreffende Wertigkeit dividieren. Stelle bei obigen Aufgaben fest, wieviel Kubikzentimeter Wasser und wieviel Kubikzentimeter Wasserstoffsuperoxyd nötig wären, wenn nur a) 23%iges, b) 29%iges, c) 21%iges, d) 6%iges, e) 25%iges, f) 20%iges Wasserstoffsuperoxyd vorhanden ist und inwieweit sich die Lösungen herstellen lassen. Man kann an Hand der letztgenannten Rechnungsarten die Gegenprobe auf die Richtigkeit der erstgenannten Art machen; somit läßt sich auch die Gegenprobe der ersten Rechnungsart machen, indem man mit der zweiten Rechnungsart nachprüft.

Die Merksätze seien nochmals angeführt:

1. Man sucht die Stärke der Lösung in Prozent:

„Hierzu multipliziere man die gegebene Tablettenzahl (bzw. Kubikzentimeter) mit ihrer Wertigkeit und dividiere die so erhaltene Summe durch die Gesamtmenge (Flüssigkeit und Tablettenzahl bzw. Kubikzentimeter H_2O_2), so erhält man die Stärke der Lösung in Prozent.“

2. Man sucht die für die Lösung notwendigen Tabletten- (bzw. Kubikzentimeter H_2O_2) und Flüssigkeitsmengen:

„Hierzu ist die angegebene Prozentzahl mit der angegebenen Lösungsmenge zu multiplizieren, die so erhaltene Summe durch die Tablettenwertigkeit (bzw. Wasserstoffsuperoxydwertigkeit) zu dividieren, so erhält man die Tablettenmenge (bzw. Kubikzentimeter H_2O_2). Zieht man diese Zahl von der Lösungsmenge ab, so erhält man die Flüssigkeitsmenge.“

Dies wäre zur Berechnung der Lösungen zu sagen. Die Formeln sind leicht zu verstehen, wenn man einige Aufgaben dieser Art gerechnet hat. Bei diesem Verfahren hat man die Gewißheit, daß man seine Lösungen mit größter Genauigkeit ermitteln bzw. herstellen kann.

An diesem Stoff soll noch erläutert werden, wie man das Molekulargewicht ermittelt.

Wasserstoffsuperoxyd besteht gemäß der Formel H_2O_2 aus

	2 Teilen Wasserstoff mit dem Atomgewicht	1 also 2
und	2 Teilen Sauerstoff mit dem Atomgewicht	16 also 32
	Wasserstoffsuperoxyd H_2O_2, Molekulargewicht	34

Über das Wasserstoffsuperoxyd ist noch folgendes zu sagen. H_2O_2 soll möglichst kühl und in braunen oder dunklen Flaschen aufbewahrt werden, da es sich sonst durch Einwirkung des Lichtes zersetzt und an Prozentgehalt verliert. Zu beachten ist noch, daß man Flaschen mit Wasserstoffsuperoxyd nur bis zu drei viertel Gesamtinhalt der Flasche füllen darf, was keinesfalls überschritten werden soll.

Wasserstoffsuperoxyd ist ein Oxydationsmittel.

Hierzu folgende Erklärung: Jede Anlagerung von Sauerstoff an ein Element oder eine Verbindung nennt man „Oxydation“. Das Gegenteil davon ist die „Reduktion“. Darunter versteht man die Entziehung oder die Abgabe von Sauerstoff an einen anderen Stoff, der damit oxydiert wird.

Wasserstoffsuperoxyd kann die Hälfte seines Sauerstoffes abgeben, z. B. an den Farbstoff im Haar (Pigment), der dadurch oxydiert (gebleicht) wird. Das Wasserstoffsuperoxyd wird dabei zu Wasser reduziert:

$$H_2O_2 = H_2O + O.$$

Die Hauptverwendung des H_2O_2 in unserem Beruf gilt der Haarblondierung und der Oxydation synthetisch-organischer Haarfarben. Eine neue Verwendung findet es als Fixierungsmittel bei der Kalt- und lauwarmen Dauerwelle. In der Kosmetik dient das H_2O_2 in schwacher Konzentration als Hautbleichmittel. Die Bleichwirkung wird durch das Freiwerden des Sauerstoffs bewirkt.

Wasserstoffsuperoxyd darf weder mit Metallgefäßen noch mit Metallgeräten in Berührung kommen, da Metalle auf das Wasserstoffsuperoxyd zersetzend wirken.

Salmiakgeist (NH_4OH)

Die Zusammensetzung von Salmiakgeist ist aus vorstehender Formel zu ersehen, und zwar besteht er aus 1 Teil Stickstoff, 3 Teilen Wasserstoff und Wasser (siehe unten).

Salmiakgeist ist auch unter dem Namen Triplex (dreifach stark) käuflich. Diese Flüssigkeit ist farblos, hat einen sehr stechenden Geruch und besitzt einen äußerst stark ätzenden sowie alkalischen Geschmack. Verwendung findet Salmiakgeist im Haushalt, in der chemischen und technischen Industrie, beim Friseur, in der Landwirtschaft usw.

Salmiakgeist wird erzeugt, indem man Ammoniakgas (NH_3) in Wasser (H_2O) leitet; man erhält dann diese Flüssigkeit, die rotes Lackmuspapier blau färbt. Formelmäßig sieht die Herstellung von Salmiakgeist so aus:

$$NH_3 \quad + \quad H_2O \quad = \quad NH_4OH$$
Ammoniakgas + Wasser = Salmiakgeist

Wir ersehen hieraus auch, daß Stickstoff = N (Nitrogenium) dreiwertig ist, und demgemäß 3 Atome Wasserstoff = H (Hydrogenium) bindet. NH_3 = Ammoniak ist ein Gas, hat die Gasdichte 8,5 und das Molekulargewicht 17. NH_3 geht mit Wasser sehr leicht eine Verbindung ein, nämlich Ammoniumhydroxyd oder, wie wir es nennen, ,,Salmiakgeist''.

Man kann Ammoniak herstellen, indem man Salmiaksalz (Chlorammonium) mit Ätzkalk oder Ätzkali erhitzt. Diese Herstellungsweise ist aber für die Großfabrikation unlohnend, auch hat sich längst eine andere Quelle dafür gefunden. Ammoniakgas wird als Abfallstoff bei der Gasfabrikation gewonnen (vorwiegend im Leunawerk bei Merseburg), dies verwendet man bis in die heutige Zeit zur Herstellung von Salmiakgeist. Salmiakgeist wird in drei verschiedenen Stärken hergestellt. Je nach der Menge Ammoniakgas, das man in das Wasser leitet, erhält man einfachen, zweifach oder dreifach starken Salmiakgeist. Es sollen nun einige Anwendungsarten aufgeführt werden. Setzt man z. B. dem Wasserstoffsuperoxyd einige Tropfen Salmiakgeist zu, so erzielt man eine schnellere Entwicklung des Sauerstoffes. Weiterhin dient er uns als Putzmittel, zur Herstellung von Farben und Lacken, zur Fabrikation von künstlichem Eis, als Mittel zur Verseifung, in der Färberei und Bleicherei und zu vielen anderen Zwecken. Je stärker der Salmiakgeist in der Konzentration ist, um so leichter wird er, das heißt, sein spezifisches Gewicht wird geringer. Der technisch und medizinisch gebräuchliche und im Handel anzutreffende Salmiakgeist enthält 32,5 Gewichtsprozente Ammoniak bei einem spezifischen Gewicht von 0,89. Er wird im Handel ferner in einer Stärke von 20% geführt und hat dann das spezifische Gewicht von 0,92.

Auch als Alkalisiermittel findet er in unserem Beruf viel Anwendung. Man alkalisiert zum Beispiel eine alkalifreie Seife, indem man einige Tropfen Salmiakgeist beimischt.

Hirschhornsalz

Hirschhornsalz ist Ammoniumkarbonat und wird durch Sublimation (Sublimation ist der Übergang eines festen Körpers in Dampf ohne vorherige Verflüssigung) von Ammonsulfat oder von Salmiak mit Kalziumkarbonat hergestellt. Den Namen Hirschhornsalz hat es daher, weil es früher aus Hornabfällen hergestellt wurde. Die Formel des Hirschhornsalzes lautet $(NH_4)HCO_3$. Es muß sorgfältig (in Flaschen) aufbewahrt werden, weil es sehr leicht feucht wird und an der Luft verdunstet.

Die Anwendung in unserem Beruf sei nur kurz erwähnt, denn eine ausführliche Beschreibung ist nicht vonnöten. Die meisten im Handel befindlichen Bleichmittel (pulverförmige) enthalten Hirschhornsalz. Diese haben den Vorteil, daß sie nur mit 6- bzw. 8%igem Wasserstoffsuperoxyd angerührt werden müssen und sofort gebrauchsfertig sind, ohne daß man Salmiakgeist zuzusetzen braucht, da an dessen Stelle das Hirschhornsalz tritt. Um ein Bleichmittel für eine Normalbleichung zusammenzusetzen, genügt es, wenn man auf 30 g Magnesiumkarbonat etwa 3—5 g Hirschhornsalz nimmt. Eine Beschleunigung des Bleichprozesses erzielt man, wenn man dem Bleichmittel größere Mengen von Hirschhornsalz zusetzt; die Wirkung der größeren Menge muß man entsprechend berücksichtigen.

Magnesiumkarbonat

Magnesiumkarbonat hat die Formel $MgCO_3$. Es findet in unserem Beruf, wie schon früher erwähnt, bei der Zusammenstellung von Bleichmitteln Verwendung, um diesen eine breiige Konsistenz zu geben. Man setzt solchen

Bleichmitteln etwas Glyzerin bei, um ein schnelles Eintrocknen zu verhindern. Magnesiumkarbonat ist ein weißes (nicht hygroskopisches), in Wasser unlösliches Pulver. Zur Herstellung eines Bleichmittels sind andere Magnesiumverbindungen, wie Magnesiumoxyd oder Magnesiumchlorid, ungeeignet.

Kaliumpermanganat oder Übermangansaures Kali (KMnO₄)

Wie aus der Formel schon hervorgeht, ist Kaliumpermanganat ein starker Sauerstoffträger. $KMnO_4$ besteht aus 1 Teil Kalium, 1 Teil Mangan und 4 Teilen Sauerstoff (Molekulargewicht ist 158,026).
Um eine Kaliumpermanganatlösung zu bereiten, nehme man 5 g übermangansaures Kali (kleine, purpurfarbige, fast schwarz aussehende, grünschimmernde Kristalle) und 1 Liter Wasser. Man wendet diese Kaliumpermanganatlösung zur Haarentfärbung an, was folgendermaßen ausgeführt wird. Man feuchtet das Haar mit der obengenannten Lösung an und läßt die Flüssigkeit mindestens 30 Minuten auf das Haar einwirken. Hierauf wäscht man das Haar mit einer 10%igen Bisulfitlösung gut aus. Die Kaliumpermanganatlösung wird zunächst zu Mangandioxyd (MnO_2) reduziert; durch eine weitere Nachbehandlung mit Bisulfitlauge werden dann die restlichen Sauerstoffatome frei, wodurch eine Verminderung des im Haar befindlichen Farbstoffes eintritt. Diese Wirkung erfolgt auch, wenn statt der Bisulfitlauge 3%ige Oxalsäurelösung oder Wasserstoffsuperoxyd Verwendung findet. (Vorsicht! Oxalsäure darf nicht mit der menschlichen Haut in Berührung kommen. H_2O_2 darf nur der erfahrene Fachmann hierbei verwenden, da durch die Anwendung eine Erwärmung eintritt.)
Nebenbei sei noch gestreift, daß Kaliumpermanganatlösung bei Schlangenbissen und innerlich bei Phosphorvergiftungen und Blausäure- und Morphiumvergiftungen allerdings in ganz starker Verdünnung (1 : 4000) vom Arzt verordnet wird. Als Mundwasser zum Gurgeln stellt man sich am besten eine 1%ige Lösung her. Außerdem findet es in der Färberei und Zeugdruckerei sowie in der Photographie und in der Industrie Verwendung.

Chlorwasserstoff oder Salzsäure (HCl)

Der Name Chlorwasserstoff ist uns nicht so geläufig wie die andere Bezeichnung, nämlich „Salzsäure". Der Name erklärt die Zusammensetzung wie auch die Formel anzeigt:

Wasserstoff + Chlor = Wasserstoffchlorid oder Chlorwasserstoff.

Die Darstellung von Salzsäure geschieht auf folgende Weise. Man erhitzt in einer Retorte Kochsalz mit konzentrierter Schwefelsäure. Es bilden sich dann Dämpfe von Chlorwasserstoff. Leitet man dieses Gas in Wasser, so erhält man die bekannte Salzsäure. Die Eigenschaften dieses Chlorwasserstoffgases sind: ein farbloses Gas von stechendem saurem Geruch, an der Luft rauchend. Die konzentrierte wässerige Lösung hat das spezifische Gewicht 1,21 und enthält 42 Gewichtsprozent HCl. Beim Destillieren geht sie unter HCl-Abgabe in 20%ige Salzsäure vom spezifischen Gewicht 1,10 über, welche unverändert destilliert. Im Handel befindet sie sich in der Stärke von 19—22% Be mit dem spezifischen Gewicht 1,124 bei 25 Gewichtsteilen Chlorwasserstoff in 100 Gewichtsteilen Salzsäure. Es ist eine sehr starke Säure, die Salze heißen Chloride. In geringen Mengen kommt Salzsäure im Magensaft bei Mensch und Säugetier vor, wo sie bei der Verdauung von Eiweiß mitwirkt. Beim Friseur findet die Salzsäure beim Nachspülwasser (etwa 20 Tropfen auf ein Liter Wasser) Anwendung, denn hierdurch erhält man ein schönes, griffiges und glänzendes Haar. Das ist darauf zurückzuführen, daß der im Wasser befindliche Kalkgehalt sich mit dem Chlor der Salzsäure zu dem leichtlöslichen Chlorkalzium vereinigt, wodurch eine gänzliche Befreiung des Haares von Kalzium- und Magnesiumsalzen erzielt wird. Auch als Abzugsmittel für Metallhaarfarben kann die Salzsäure in schwacher Lösung (1 : 10) Verwendung finden. Weiterhin wird sie verwendet zur Herstellung von Chlor und Chloriden, zum Beizen von Metallen, im Haushalt als Reinigungsmittel (löst besonders Kalkkrusten). Mit Salpetersäure zusammen (1 Teil Salpetersäure auf 2 Teile Salzsäure) bildet sie das sogenannte Königswasser. Medizinisch zur Verdauungsförderung.

Salpetersäure. (HNO_3)

Die Errechnung des Molekulargewichts der Salpetersäure nach vorstehender Formel ergibt 63. Mit Salpetersäure muß man sehr vorsichtig umgehen, denn sie ist eine sehr starke mineralische Säure, welche imstande ist, sämtliche Metalle (außer Platin und Gold) aufzulösen. Die Eigenschaften: Salpetersäure ist eine starkätzende, rauchende Flüssigkeit, die die Haut gelb färbt. Sie ist eigentlich farblos, doch ist sie meist gelb bis rot gefärbt durch NO_2. Mit Wasser ist sie in jedem Verhältnis mischbar, das spezifische Gewicht wird dabei geringer. Wasserfreie Salpetersäure hat das spezifische Gewicht 1,52, wasserhaltige (handelsüblich) mit 65% Salpetersäure hat das spezifische Gewicht 1,4. Salpetersäure ist eine der stärksten Säuren und eines der besten Oxydationsmittel. Sie wirkt auf alle organischen Gewebe zerstörend. Zum Abziehen soll man die Salpetersäure höchstens in 2%iger Form verwenden. Die Aufbewahrung der Salpetersäure soll möglichst in Flaschen mit Glasstopfen geschehen. Um Hautschäden zu vermeiden, schützt man die Haut durch starkes Einfetten.

Salpetersäure findet Anwendung als Oxydationsmittel, zum Auflösen von Metallen, zur Herstellung von anorganischen und organischen Nitraten, ferner von organischen Nitrokörpern wie Pikrinsäure und Schießbaumwolle

(Trinitrozellulose). Die Salze von der Salpetersäure heißen Nitrate. Sie werden in der Feuerwerkerei und zum Konservieren benutzt.

Höllenstein (AgNO$_3$)

Höllenstein oder Silbernitrat hat das Molekulargewicht 169,88. Silbernitrat bedeutet salpetersaures Silber. Löst man Ag (Argentum = Silber) in Salpetersäure auf, so erhält man ein salpetersaures Silber. Silbernitrat dient heute mit zur Herstellung von Haarfarbenregenerierungsmitteln. Auch in sofort wirkenden Haarfarben findet man es vor. Um Silbernitrat nachzuweisen, braucht man dem Silbernitrat nur einen geringen Zusatz von NaCl (Kochsalz) oder HCl (Salzsäure) beizugeben. Entsteht ein milchigweißer Niederschlag, so ist in dem Mittel Silbernitrat vorhanden. Silbernitrat bildet farblose, leichtlösliche Kristalle, welche auch in Stangenform gegossen werden. Diese Stangen dienen in der Medizin zum Ätzen. Weiterhin findet Silbernitrat in der Photographie, zu Silberspiegeln und als Reagens in Laboratorien Verwendung.

Blei (Pb) *mit dem Atomgewicht 207,21*

Blei ist bläulichweiß, weich, dehnbar, überzieht sich an der Luft mit grauem Oxyd. Spezifisches Gewicht 11,4 (bleischwer), Schmelzpunkt 330° C. An der Luft oxydiert das geschmolzene Blei zu Bleioxyd (PbO). Alle Bleiverbindungen sind giftig (Kolik, Gicht...). Da Blei von Essig angegriffen wird, darf es nicht zu Eß- und Trinkgefäßen verwendet werden. Auch für Färbezwecke ist Blei in Deutschland verboten, jedoch in einzelnen Ländern noch erlaubt. Man bringt das Blei als Salz der Essigsäure (Bleiazetat) in wässeriger Lösung auf das Haar, dies bildet dann mit dem Schwefel des Haares das Schwefelblei.

$$Pb + S = PbS$$
Blei + Schwefel = Schwefelblei

Kupfer (Cu)

Kupfer hat das Atomgewicht 63,6, ist rot, glänzend, sehr dehnbar und fest. Der Schmelzpunkt liegt bei 1080° C, das spezifische Gewicht beträgt 8,92. Kupfer wird in Verbindungen wie Kupfersulfat oder Kupferchlorür für Haarfärbezwecke verwendet. Man findet diese Salze häufig Hennakompositionen beigemischt. In den Jahren 1897—1929 war die Verwendung von Kupfer für Haarfärbezwecke verboten. Will man den Nachweis erbringen, ob ein Haar mit einer Kupferverbindung gefärbt ist, so braucht man nur einige Haare zu veraschen (verbrennen), diese Asche behandelt man mit Salpetersäure und setzt etwas Wasser zu. Fügt man dann einige Tropfen

NH_4OH (Salmiakgeist) zu, so bildet sich bei Vorhandensein von Kupfer ein blauer Ring, welcher den vollen Beweis gibt. Die Hauptverwendung des Kupfers liegt in der Herstellung von Leitungsdrähten, Kochgefäßen, zum Dachdecken, zu Schiffsbeschlägen.

Alkohol (CH_3CH_2OH oder C_2H_5OH)

Der Name Alkohol stammt aus dem Arabischen und besagt soviel wie ,,das Feine" oder ,,das Geistige" und wurde wohl von den arabischen Ärzten übernommen. Er heißt auch Weingeist oder Spiritus. Das Molekulargewicht des Alkohols ergibt sich nach der Formel CH_3CH_2OH zu 46,068. Das spezifische Gewicht von Alkohol ist 0,8.

Zur Herstellung des Alkohols werden nachfolgende Ausgangsmaterialien verwendet: Getreide, Kartoffeln, Mais, Zuckerrüben, Pflanzensäfte, Stärkemehl sowie andere zuckerhaltige Früchte.

Der absolute Alkohol ist praktisch wasserfrei und enthält etwa 99,5 Volumenprozente Alkohol. Er ist stark hygroskopisch und wirkt reduzierend.

In allen geistigen Getränken ist Alkohol enthalten, und durch die Blutprobe läßt sich nachweisen, wieviel Alkohol der Mensch zu sich genommen hat.

Hier sei noch erwähnt, daß der Alkohol ein häufig gebrauchtes Lösungsmittel ist und für Drogen, Chemikalien und für medizinische und technische Zwecke viel angewendet wird. Auch als Desinfektionsmittel wird der Alkohol benutzt, einerseits werden die zu behandelnden Körperteile damit abgerieben, um sie keimfrei zu machen, andererseits desinfiziert man benutzte Instrumente durch Abreiben mit Alkohol oder man legt sie in ein Alkoholbad.

Über die Eigenschaften des Alkohols (Weingeistes) ist zu sagen, daß er eine wasserhelle Flüssigkeit ist. Der Siedepunkt liegt bei 78° C, er ist brennbar mit nichtrußender, bläulicher Flamme, der Geruch ist weingeistig, der Geschmack von konzentriertem Alkohol stark brennend.

Alkohol findet Anwendung bei der Herstellung von Genußmitteln, zur Beleuchtung und Heizung, als Lösungsmittel, zur Konservierung, zur Herstellung von Chloroform und anderen chemischen Stoffen.

Methylalkohol

Außer dem Äthylalkohol (CH_3CH_2OH) gibt es noch Methylalkohol (CH_3OH), welcher im Holzteer vorkommt und jetzt in großer Menge synthetisch hergestellt wird. Er findet zu Lacken, zur Formaldehydherstellung, zum Denaturieren von Äthylalkohol und als Zusatz zu Motorentreibstoffen Verwendung. Die Eigenschaften des Methylalkoholes sind: farblose, leicht bewegliche, mit Wasser mischbare Flüssigkeit, brennt mit sehr schwach leuchtender Flamme, löst Fett und Harze. Siedepunkt liegt bei 65° C. Für Menschen sehr giftig!

Amylalkohol ($C_5H_{11}OH$)

wird bei der Parfümfabrikation, zur Fruchtaromenherstellung sowie als
Lösungsmittel für Harze, Fette, Öle und Nitrozellulose angewendet. Er ist
eine ölige Flüssigkeit, sein Siedepunkt liegt bei 137° C.

Propylalkohol ($CH_3 \cdot CH_2 \cdot CH_2OH$ oder C_3H_7OH)

Dieser wird in der heutigen Zeit viel für billige Kopfwässer und Gesichtswässer verwendet. Es sei darauf hingewiesen, daß Propylalkohol nur äußer-
lich angewendet werden darf. Als Eigenschaft ist zu nennen, daß der
Propylalkohol einen ätherähnlichen Geruch aufweist.

Glyzerin ($CH_2OH \cdot CHOH \cdot CH_2OH$)

Bei der Verseifung von Fetten wird Glyzerin ausgeschieden. Es ist ein Bestandteil fast aller Fette. Glyzerin ist farblos, sirupdick, wirkt neutral, geruchlos, von süßem Geschmack und stark hygroskopisch, das heißt wasser-
anziehend.
Es muß wegen letzter Eigenschaft in gut verschlossenen Gefäßen aufbewahrt
werden. Es ist unlöslich in Benzin, fetten Ölen, Chloroform und Äther, dagegen in Wasser und Alkohol löslich. Das spezifische Gewicht beträgt 1,22.
Der Siedepunkt des Glyzerins liegt bei 290° C, auch gefriert es schwer (—40°).
Die Verwendung des Glyzerins ist sehr vielseitig. In unserem Beruf dient es
als Zusatz zu Bleichmitteln und Dauerwellwässern, sowie mit schwach-
konzentrierter Salzsäure auch als Abziehmittel. Auch in der Kosmetik findet
das Glyzerin viel Verwendung. Die Hauptverwendung des Glyzerins ist die
Anwendung als Gefrierschutz, nicht nur beim Menschen, sondern auch bei
Maschinen; deshalb wird es auch im Winter dem Kühlwasser der Motoren zugesetzt, da es das Einfrieren verhindert. Auch zur Herstellung von Stempel-
farbe dient es und als Sperrflüssigkeit bei Gasuhren. Glyzerin wird auch unter
dem Namen Ölsüß, Lipyloxydhydrat, Glyzeryloxydhydrat und Scheelsches
Süß geführt.

Formaldehyd (HCHO)

Aus der Formel ersehen wir, daß sich Formaldehyd aus Wasserstoff + Kohlenstoff + Sauerstoff + Wasserstoff zusammensetzt. Rechnen wir die Atomgewichte dieser Stoffe zusammen, so erhalten wir das Molekulargewicht 30.
Die Darstellung des Formaldehyds verläuft folgendermaßen: Über glühenden Koks werden Dämpfe von Methylalkohol geleitet und die entstehenden Formaldehyddämpfe im Wasser aufgefangen. Diese wässerige Lösung
führt den Namen Formalin und ist im Handel käuflich. Dieser Hilfsstoff des
Friseurs ist eine stechend riechende Flüssigkeit, die zu 35 Gewichtsprozent
Formaldehyd enthält. Formaldehyd hat eine stark adstringierende (zu-

sammenziehende) Eigenschaft. Auf die Haut und das Haar wirkt es in verdünnter Form gerbend. Es wird deshalb in der Kosmetik viel benutzt. Es ist dabei aber Vorsicht geboten, da es konzentriert stark ätzend wirkt. Zur Desinfektion von Instrumenten, Wäsche usw. wendet man Formaldehydlösung in der Stärke von 1% an. Gegen Hand- und Fußschweiß verwendet man es in Verdünnung bis zu etwa 10%. Es findet noch für folgende Zwecke Anwendung: Als Antiseptikum, Desinfektionsmittel und Konservierungsmittel, in der Kunststoff- und in der Farbstoffindustrie und Photographie; zu Kitten und Klebemitteln und in der Lederindustrie; mit Ammoniak gibt es Hexamethylentetramin, ein Heilmittel (Urotropin).

Zitronensäure

Als Vorkommen der Zitronensäure sind uns bekannt: erstens in der Zitrone selbst, weiterhin noch in den Johannisbeeren, Stachelbeeren und Heidelbeeren und außerdem als Ca-Salz in der Kuhmilch. Auch beim Friseur hat sich die Zitronensäure im Laufe der Zeit eingebürgert, sie wird meistens wegen ihrer Geruchlosigkeit der Essigsäure vorgezogen. Sie ist ebenso wie die Weinsteinsäure ein sehr beliebtes und billiges Mittel, dauergewellte und gewaschene Haare zu neutralisieren, adstringieren und ihnen Glanz zu geben. Allerdings muß man die Zitronensäure in Wasser lösen und darauf achten, das Haar nicht zu übersäuern. Auch gegen zu starken Schweiß und als Schälmittel bei Sommersprossen wird die Zitronensäure in der Kosmetik verwendet. In stärkster Verdünnung bildet sie für den Haarfärber ein wertvolles Verschönerungsmittel. Die Zitronensäure bildet rhombische Prismen, welche im Wasser leicht löslich sind und von angenehmem stark saurem Geschmack sind. Die Zitronensäure hat vielseitige Anwendungsmöglichkeiten, z. B. zur Herstellung von Limonaden, Brausepulvern, in der Medizin gegen Alkalivergiftungen, bei der Mineralwasser-, Likör-, Konfitüren- und Schokoladenfabrikation. Zuletzt sei noch die Verwendung in den Färbereien und Zeugdruckereien erwähnt.

Essigsäure $(CH_3 \cdot COOH)$

Die Essigsäure hat ein Molekulargewicht von 60. Die Anwendung der Essigsäure ist fast die gleiche, wie vorhergehend bei der Zitronensäure beschrieben wurde. Die Herstellung von Essigsäure geschieht folgendermaßen: In Alkohol-Wasser-Mischungen mit geringem Alkoholgehalt verwandelt sich der Alkohol unter dem Einfluß der Luft bei Gegenwart von sogenanntem Essigferment in Essigsäure. Dies wird ausgeführt, indem man stark verdünnten Äthylalkohol oder Wein (Weinessig) langsam über Buchenholzspäne tropfen läßt, während von unten nach oben Luft hindurchströmt. Durch den Sauerstoff der Luft wird der Alkohol hierbei zu Essigsäure oxydiert. Auch bei der Essigsäuregärung von Alkohollösungen entsteht Essig. Die Salze der Essigsäure heißen Azetate. Essigsäure ist eine farblose Flüssigkeit von stark saurem Geruch und Geschmack, der Siedepunkt beträgt 118° C, Gefrierpunkt 16,5° C. Wasserfreie Essigsäure (konzentrierte Essigsäure) erstarrt bei Winterkälte (Eisessig). Mit Wasser läßt sich Essigsäure in allen Verhältnissen mischen. Als Konzentrat wirkt sie stark ätzend. Die Verwendungsarten sollen nicht noch einmal aufgezählt werden, da sie unter Zitronensäure schon aufgeführt sind. Zusätzlich sei nur erwähnt, daß Essigsäure in besonderer Herstellung als aromatischer Hautessig nach dem Rasieren benutzt wird, um die durch das Rasieren geöffneten Poren wieder zu schließen. Auch in der Farb- und Riechstoffindustrie sowie zum Würzen der Speisen wird viel Essigsäure verbraucht. Für den Friseur ist es empfehlenswert, chemisch reine Essigsäure zu benutzen, da die technische Ware einen zu auffälligen Geruch besitzt, der von der Kundschaft als unangenehm empfunden wird.

Salizylsäure ($C_6H_4 \cdot OHCOOH$)

Die Salizylsäure wurde zuerst in der Weide entdeckt (daher ihr Name) und auch daraus gewonnen. Außerdem findet man Salizylsäure noch in den Blüten von Spirea Ulmaria und als Methylester in Wintergreenöl. Salizylsäure wird künstlich aus Phenolnatrium und CO_2 bei 130° C hergestellt. In kosmetischer Beziehung wirkt die Salizylsäure stark regenerierend auf die Haut. Sie erweicht die Hornhaut. In der Kosmetik wird sie vielfach bei Schälkuren und bei der Entfernung von Leberflecken und Sommersprossen angewendet und leistet auf diesem Gebiete gute Dienste. Auch viele Haarwässer enthalten Prozentteile von Salizylsäure. Salizylsäure bildet nadelförmige Kristalle, welche in kaltem Wasser schwer löslich sind; in heißem Wasser dagegen lösen sie sich leicht. Sie wird außer zu den obengenannten Zwecken noch in der Medizin, zur Synthese und als Konservierungsmittel benutzt.

Oxalsäure ($C_2H_2O_4$)

Oxalsäure ist auch unter dem Namen Zuckersäure bekannt. Den Namen Zuckersäure hat sie durch die Herstellung erhalten. Erhitzt man Zucker mit Salpetersäure, so erhält man die Oxalsäure. Oxalsäure kristallisiert in feinen Prismen, welche stark sauer schmecken und ebenso reagieren. Ihre Salze heißen Oxalate. Das Kalziumsalz der Oxalsäure ist völlig wasserunlöslich. Man kann daher Rasierwasser (oder anderes) mit Hilfe der Oxalsäure ohne Verbrauch von Seife sehr wirksam „enthärten". Man verwendet hierzu eine hochprozentige Lösung von Ammoniumoxalat (in Apotheke oder Drogerie käuflich) in destilliertem Wasser. Je nach der Härte des Leitungs•

wassers muß man von dieser Lösung dem Rasierwasser mehr oder weniger zusetzen. Man läßt es dann etwa eine halbe Stunde stehen. Es tritt dann eine leichte Trübung (Kalkschleier) ein. Nach Schütteln beginnt sich das Kalksalz abzusetzen. In Gegenden mit sehr hartem Wasser kann diese Enthärtung von großem Interesse sein, da sich dann ein besserer Seifenschaum bildet und Seife gespart wird. 10 Teile Oxalsäure lösen sich in 120 Teilen kaltem Wasser oder in 3 Teilen heißem Wasser. Oxalsäure ist stark giftig. In unserem Beruf verwendet sie der Haarfärber als Abzugsmittel. Man setzt hierzu der gelösten Oxalsäure gern etwas (etwa 10 cm^3) Glyzerin bei, feuchtet das Haar gut an und durchstreicht es mit dem heißen Onduliereisen. Auch zur Beseitigung von Tintenflecken wendet man Oxalsäure an, desgleichen als Reduktionsmittel für Gold.

Tannin $(C_{76}H_{52}O_{46})$

Tannin wird aus den Galläpfeln gewonnen und stellt als Gerbsäure eines der bekanntesten und hervorragendsten Haarregenerierungsmittel dar. Im Handel befindet sich das Tannin als glänzende Nadeln. Tannin ist in Alkohol leicht löslich, in Wasser dagegen schlechter. 1 Teil Tannin benötigt hierzu 6 Teile Wasser. In der Industrie findet es noch Verwendung zur Bereitung der Eisengallustinte sowie in der Medizin.

Paraphenylendiamin $(C_6H_4(NH_2)_2)$, Molekulargewicht 106

Der Name Paraphenylendiamin erklärt sich aus der Konstitutionsformel. Phenylen ist der Name für den Benzolkern. Wenn bei diesem die 1. und 4. Stelle durch andere Elemente oder Gruppen an Stelle des Wasserstoffes ersetzt worden ist, so bezeichnet man diese Stellung mit „Para". Zwei Wasserstoffatome sind durch den Aminorest NH_2 ersetzt, di heißt zwei. Paraphenylendiamin zählt zu den Benzolabkömmlingen, hat aber selbst keine färbenden Eigenschaften, diese kommen erst durch den Zusatz von Luftsauerstoff zur Auswirkung; schneller wirkt es noch bei Zusatz eines Sauerstoffträgers, z. B. von Wasserstoffsuperoxyd, wobei sich ein schwerer, unlöslicher Farbstoff bildet, der Bandrowskische Base genannt wird.
Dieses farbstoffbildende Paraphenylendiamin wurde im Jahre 1860 durch den Chemiker Hofmann entdeckt, und man verwandte diese Entdeckung bald dazu, auch das menschliche Haar zu färben, denn die erste Anwendung fand es in der Pelzfärberei. Die in der Pelzfärberei erzielten Erfolge waren derart erstaunlich, so daß man gefärbte Pelze nicht leicht von naturfarbigen unterscheiden konnte. Da zwischen Tierhaaren und Menschenhaaren in Struktur und Eigenschaften sowie Substanz nicht viel Unterschied besteht, versuchte man auch die menschlichen Haare mit diesem neuen Stoff zu färben. Im Jahre 1883 wurde als erstes ein französisches Haarfärbemittel zum

Patent angemeldet, das Paraphenylendiamin als Hauptbestandteil enthielt. Es stellte sich aber bald heraus, daß hierauf Vergiftungserscheinungen und Hautreizungen bei vielen Personen eintraten, und das vermeintlich gelöste Problem, Menschenhaar zu färben, trat erneut auf. Große Chemiker, deren Versuche an Tieren den Nachweis erbrachten, daß das Paraphenylendiamin schädlich auf den Menschen einwirkt, gaben Veranlassung, im Jahre 1906 (Februar) die Verwendung von Paraphenylendiamin für Haarfärbemittel gesetzlich zu verbieten. Man ging nun dazu über, das Farbstoffmolekül zu entgiften. Es war nach genauen Untersuchungen festgestellt worden, daß das Chinondiimin, das sich bei der Farbstoffbildung als Zwischenprodukt ermitteln ließ, die Ursache der Vergiftungserscheinungen und Hautreizungen bildete. Mit der Entgiftung hatte man auch große Erfolge durch die Einführung der Sulfurgruppe in das Farbstoffmolekül. Später stellte man noch fest, daß durch Zuführung gewisser reduzierend wirkender Salze eine Entgiftung des Farbstoffmoleküls herbeigeführt werden konnte. Der nun durch diese Reduktion entgiftete Stoff führt nicht mehr die Bezeichnung Paraphenylendiamin, sondern heißt Paratoluylendiamin. Aber ein kleiner Teil von Personen ist auch für Paratoluylendiamin noch sehr empfindlich, weshalb vor jeder Erstfärbung die Probe auf *Idiosynkrasie* (Überempfindlichkeit gegen bestimmte Stoffe) gemacht werden muß.

11. ABSCHNITT

Die praktischen Arbeiten des Friseurs

Bevor wir uns der praktischen Arbeit des Friseurs zuwenden, sind noch einige Begriffe und physiologische Vorgänge zu erläutern, die für den Friseur von großer Bedeutung sind.

Die individuelle Reaktion

Das Wort Reaktion stammt aus dem 18. Jahrhundert aus dem Wortschatz der lateinischen Sprache und besagt soviel wie Gegenwirkung, Rückwirkung, die Einwirkung eines Körpers auf den anderen. Im chemischen Sinne bedeutet es das Aufeinanderwirken der Stoffe. Auf den Friseurberuf angewendet bedeutet es: wie wirkt ein Mittel auf Haar und Haut des Kunden und wie verhält sich Haar und Haut des Kunden dazu. Die Kundin darf keine Versuchsperson des Friseurs sein, sondern der Friseur muß genau wissen, wie die Stoffe aufeinander wirken, welcher Nutzen oder Schaden daraus entstehen kann, z. B. beim Waschen mit alkalischer und alkalifreier Seife, beim Adstringieren der Haare, beim Blondieren, beim Haarfärben,

Kaltwellen usw. In allen Fällen muß man die Wirkung der dabei zur Anwendung kommenden Stoffe genau kennen.

Idiosynkrasie, Allergie, Sensibilität und Anaphylaxie.
Die genannten Begriffe spielen bei der Wirkung der Stoffe auf den Menschen eine große Rolle. Es gibt verschiedene Menschen, welche gegen gewisse Stoffe empfindlich sind, so daß sich nach deren Anwendung verschiedene Auswirkungen bemerkbar machen, z. B. Hautschwellungen, Spannungen, Hautreizung, Blasenbildung, Hautjucken, Farbvergiftungen u.a.m. Wieder sieht man, wie wichtig die Kenntnis unserer Materialien ist. Auch die Probe auf Überempfindlichkeit vor der Erstfärbung ist kein leeres Geschwätz, sondern eine dringende Notwendigkeit, und es ist besser, man überzeugt sich vorher über eine bestehende Empfindlichkeit, als wenn man nachher den Schaden tragen muß. Auch beim Kaltwellen gibt es sehr viele Punkte, welche sehr große Beachtung finden, denn die Einwirkung der Mittel bei der Kaltwelle auf das Haar muß jedem Fachmann klar sein.

Das Haar

Fast alle Arbeitsgänge in unserem Beruf haben etwas mit der Chemie zu tun. Wir brauchen nur einige herauszugreifen, z. B. das Rasieren; auch hier liegt ein chemischer Vorgang zugrunde, nämlich das Einseifen, denn hier bewirken die Alkalien der Rasierseife das Erweichen der Barthaare; beim Kopfwaschen übt die Kopfwaschseife einen chemischen Einfluß auf das Haar aus. Es sollen nun nachfolgend einige Arbeitsvorgänge und deren Zusammenhänge näher beschrieben werden. Das Wichtigste, was jeder Friseur genauestens kennen muß, ist das menschliche Haar, denn an diesem soll er ja seine ganze Kunst ausüben.
Das Haar ist ein weitgehender Begriff, wir wollen uns aber nur mit dem Menschenhaar befassen, und zwar mit dem Haar, das sich noch an unserem Körper befindet. Man teilt das am Körper wachsende Haar in Woll-, Borsten- und Langhaare ein. Wollhaare sind die am ganzen Körper wachsenden Haare außer der Innenfläche der Hand und der Fußsohle. Als Borstenhaare bezeichnet man die Haare in der Nase, in den Ohren, die Augenbrauen und die Wimpernhaare. Zu den Langhaaren gehören die Bart- und Kopfhaare. Die chemischen Bestandteile des Haares sind:

$$49,6\% \text{ Kohlenstoff} \quad (C = Carbonium)$$
$$23,2\% \text{ Sauerstoff} \quad (O = Oxygenium)$$
$$16,8\% \text{ Stickstoff} \quad (N = Nitrogenium)$$
$$6,4\% \text{ Wasserstoff} \quad (H = Hydrogenium)$$
$$4,0\% \text{ Schwefel} \quad (S = Sulfur)$$

Wenn nicht jeder die Prozentzahlen behält, so kann man aber die Stoffe, aus denen sich das Haar zusammensetzt, ganz leicht merken, indem man sich

die chemischen Zeichen in der Form eines Wortes merkt, und zwar ,,SCHON
S = Sulfur (Schwefel), C = Carbonium (Kohlenstoff), H = Hydrogenium
(Wasserstoff), O = Oxygenium(Sauerstoff) und N = Nitrogenium(Stickstoff).
Über den Aufbau des Haares, sowie Struktur und Eigenschaften soll die nachfolgende Abb. 25 unser Verständnis unterstützen. Die hier angeführten Erläuterungen geben uns einen Einblick in die Struktur des menschlichen Haares.
In der letzten Zeit ist der Aufbau des Haares durch Wissenschaftler bis ins
kleinste erforscht worden; die Wiedergabe der hierbei gewonnenen Erkennt-
nisse würde aber in dieser Schrift zu weit führen.

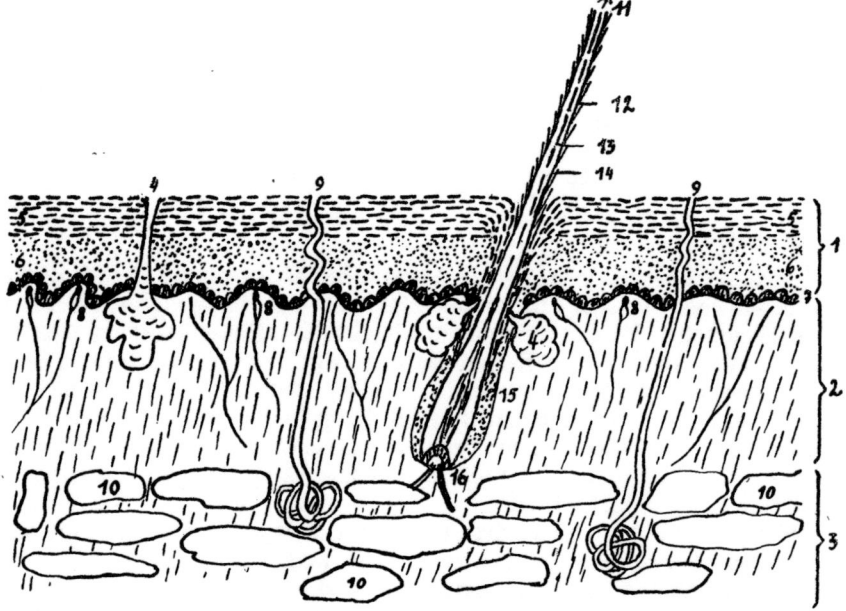

Abb. 25. Querschnitt durch die menschliche Haut mit Haar (stark vergrößert)

Erläuterungen zur vorstehenden Abbildung:

1 Oberhaut (Epidermis)	9 Schweißdrüsen
2 Lederhaut (Cutis)	10 Fettkörperchen
3 Unterhautfettgewebe	11 Haarspitze (nicht dargestellt)
(Tela sub cutanea)	Haarschaft:
4 Talgdrüse	12 Rindenschicht
5 Hornhautschicht	13 Markschicht
6 Glänzende Schicht	14 Hornschicht
7 Körnerschicht	15 Haarwurzel
8 Tastkörperchen	16 Haarpapille

Die in diesen Erläuterungen angegebenen Begriffe gehören zu den Grundlagen des Berufes und muß jeder Friseur beherrschen, da er täglich mit dem Haar in Berührung kommt.

Den sichtbaren Teil des Haares nennt man Schaft, er endet in der Spitze (11). Den unter der Epidermis (1) befindlichen Teil nennt man Wurzel (15), das Ende der Wurzel ist zwiebelartig verdickt und wird deshalb auch Haarzwiebel genannt. Diese ist eine Hohlwurzel, in deren Höhlung sich die Haarpapille (16) befindet. Die Haarpapille ist reich an Kapillaren (kleinsten Blutgefäßen) und Nerven und ist gleichzeitig der Lebensmittelpunkt des Haares. Von hier aus erfolgt das Wachstum des Haares durch die Bildung von Zellen, welche eine Verhornung eingehen. Das Haar wird durch die Bildung von neuen Zellen aus der Haut gedrückt. So ist die Spitze der älteste Teil und die Zwiebel der jüngste Teil des Haares. Die Nährstoffe werden dem Haar durch die Haarpapille zugeführt, das heißt, eine Beschädigung oder Tötung der Haarpapille bedeutet gleichzeitig den Verlust des Haares. Beim Heraustreten des Haares aus der Epidermis erhält das Haar durch die an der Stelle befindliche Talgdrüse die Geschmeidigkeit. Auch die Farbe des Haares entwickelt sich an dieser Stelle und je nachdem, ob die hellen, roten oder dunklen Farbkörnchen in der Mehrzahl sind, wird die Farbe des Haares bestimmt. Auch Farblosigkeit, das heißt Menschen ohne Haarfarbe gibt es. Diese Personen führen die Bezeichnung Albinos. Einen reinen Albinomenschen erkennt man an den roten Augen. Die weiße Maus und das Angorakaninchen zählen auch unter die Albinos mit der Bezeichnung Tieralbino. Der Unterschied des Baues zwischen glattem und naturkrausem Haar zeigt sich bereits in der Haarwurzel; das glatte Haar wächst ganz gerade von der Papille heraus, dagegen ist die Wurzel des Negerhaares stark gekrümmt, während die Wurzel des naturkrausen Europäerhaares leichter gekrümmt ist. Das Haar baut sich auf aus drei Schichten, und zwar verdeutlichen dies nachfolgende Abb. 26 und 27.

Die Abb. 26 zeigt einen Längsschnitt durch den Haarschaft,

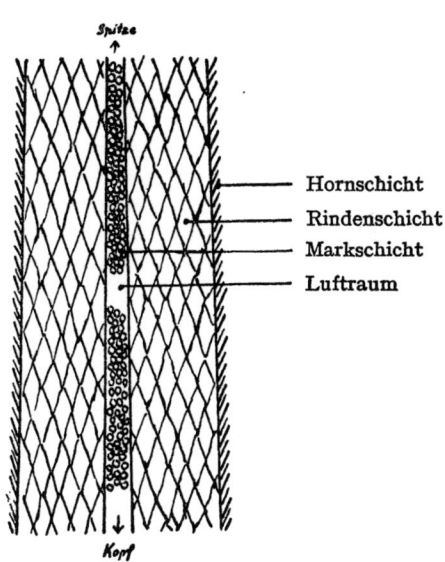

Hornschicht
Rindenschicht
Markschicht
Luftraum

Abb. 26. Längsschnitt durch das menschliche Haar (schematisch, stark vergrößert)

5*

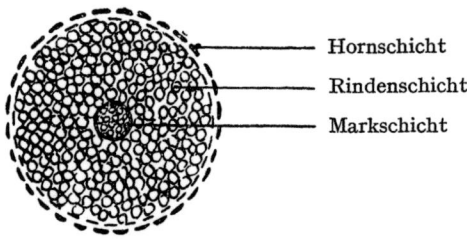

Hornschicht

Rindenschicht

Markschicht

Abb. 27. Querschnitt durch das menschliche Haar (schematisch, stark vergrößert)

die Abb. 27 einen Querschnitt durch den Haarschaft. Die drei uns bisher bekannten Schichten des Haares sind 1. die Hornschicht, 2. die Rindenschicht und 3. die Markschicht. Die Hornschicht besteht aus abgeplatteten und verhornten Kernzellen, welche über- und nebeneinander gelagert sind, etwa wie die Schuppen eines Fisches. Die freien Enden liegen nach der Spitze des Haares zu. Dies läßt sich sehr leicht erkennen, wenn man mit den Fingern von der Spitze nach dem Kopf zu am Haare entlangstreicht. Die Rindenschicht besteht aus länglichen, spindelförmigen Kernzellen, die schichtweise neben- und aufeinanderliegen und die Hauptmasse des Haares bilden. In dieser Schicht befindet sich auch das Haarpigment (Farbstoff). Die spindelförmigen Kernzellen haben eine Länge von 2—6 Mikron, man nennt sie auch Keratinmizellen. Die Bestandteile dieser Keratinmizellen sind Kohlenstoff, Sauerstoff, Stickstoff, Wasserstoff und Schwefel. Die Keratinmizellen werden durch Eiweißbrücken (Proteine) gefestigt. Die Bestandteile dieser Proteine sind Stickstoff, Schwefel und Phosphor. Die Markschicht enthält das Haarmark; diese Markzellen bilden die innerste Schicht des Haares. Sie fehlen aber nach der Spitze zu, so daß dort eine Röhre entsteht, die mit Luft gefüllt ist. Auch nach dem Kopfende zu ist die Markschicht häufig durch Lücken unterbrochen, die mit Luft gefüllt sind; die Lufträume sind nach den neusten Feststellungen vielfach die Ursache für Brechen und Zerstörungen des Haares, z. B. beim Dauerwellen.

Die Ansicht, daß bei glattem Haar der Querschnitt kreisförmig, der von naturkrausem Haar oval sei, ist eine überwundene Theorie. Die Ansicht wurde damals scheinbar dadurch bestätigt, daß das durchaus stark krause Haar der Neger einen ovalen Querschnitt aufweist. Wie man aber neuerdings festgestellt hat, findet man bei Europäern auch einen ovalen Querschnitt, obwohl keine Naturkrause vorhanden ist. Man kam zu der Erkenntnis, daß der ovale Querschnitt nicht entscheidend ist für die Naturkrause, auch kreisförmige Haare können naturkraus sein.

Das Haar hat eine Lebensdauer von 3—6 Jahren. Die Gesamthaarmenge beträgt durchschnittlich 80 000—120 000 Haare. Hieraus kann man auch den normalen Haarausfall errechnen, indem man die Gesamthaarmenge dividiert durch die Jahre (Lebensdauer des Haares) und noch die somit erhaltene Summe durch 365 dividiert, so erhält man den durchschnittlichen täglichen normalen Haarausfall (55). Das Haar wächst im Durchschnitt monatlich 1—1,5 cm und kann eine Länge bis zu 1,30 m erreichen. Dagegen die Augenbrauen erreichen nur eine Länge bis zu 3 cm und haben eine Lebensdauer von nur 100 Tagen. Hat das Haar seine bestimmte Länge erreicht, dann stirbt es ab. Bevor aber das alte Haar ausfällt, löst es sich von der Papille, und diese beginnt sogleich mit der Bildung des neuen Haares. Das neue Haar drängt das alte nun heraus, so daß es ausfällt. Die Wurzeln der Haare sitzen in der Lederhaut (Cutis), bei langen kräftigen Haaren reichen sie teilweise bis in das Unterhautfettgewebe (Tela sub cutanea).

Die drei Haupteigenschaften des Haares sind 1. die Hygroskopizität, 2. die Kapillarität und 3. die Elastizität. Hygroskopisch heißt, die Feuchtigkeit anziehend, und zwar vermag das gesamte Haar bis zu 20% aufzunehmen. Kapillarität ist die Haarröhrenwirkung, das heißt, das Haar vermag in sich das Wasser emporzuziehen. Ein Vergleich wäre hier der Docht im Feuerzeug oder der Petroleumlampe. Elastizität ist die Dehnbarkeit des Haares. Man kann hier sehr gut Versuche anstellen, um die Dehnbarkeit zu prüfen, indem man das Haar zwischen zwei Finger beider Hände nimmt und es auseinanderdehnt (8–15%). Der Durchmesser ist bei den einzelnen Haaren sehr verschieden, und die nachstehende Tabelle gibt uns ein anschauliches Bild darüber:

Haarart	Durchmesser in $\mu = 1$ Mikron	Durchmesser in mm	Haare auf 1 mm
Dünnstes deutsches Haar.....	42	0,042	23,8
Stärkstes mongolisches Haar ..	140	0,140	7,0

Die größte gemessene Stärke der verschiedenen Haare eines europäischen Mannes beträgt:

Haarart	Durchmesser in $\mu = 1$ Mikron	Durchmesser in mm	Haare auf 1 mm
Kinnbart	125	0,125	8,0
Schnurrbart................	115	0,115	8,69
Backenbart	104	0,104	9,61
Augenbrauen	80	0,080	12,5
Wimpern	76	0,076	13,15
Nasenhaare................	56	0,056	17,85
Achselhaare................	79	0,079	12,65
Kopfhaare	71	0,071	14,08

Wir sehen aus dieser Aufstellung, wie verschiedenartig der Durchmesser der Haare ist. Über die Haltbarkeit des Haares sei noch gesagt, daß man an ein Haar bis zu 92 g hängen kann, ehe es zerreißt.

Die Natur hat dem Menschen die Haare als Schutz gegen Kälte, Hitze, Nässe und Verletzungen gegeben. Man kann das Haar auch als Schmuck des Menschen bezeichnen. Durch die verschiedenartigen Frisuren geben die Haare dem Menschen ein kleidsames Bild.

Die Dauerwelle

Da das Dauerwellen ein physikalisches und chemisches Umformen von
Haaren ist, soll nachfolgend über die Entwicklung dieser Handhabung bis
zum heutigen Stand der Dauerwelle berichtet werden.

Gab es vor 5000 Jahren schon Dauerwellen? Diese Frage zu beantworten,
halfen uns die gefundenen Schrifttafeln der alten Ägypter, welche bei Ausgrabungen gefunden wurden. Die alten Ägypter standen schon damals in der
Körperpflege auf der höchsten Kultur. Sie sahen bei ihren Nachbarn, den
Negern, das krause Haar, und so wurde es ihr Wunsch, auch krauses
Haar zu besitzen. Es waren die Vorkämpfer der Chemie, die Alchimisten,
welche sich damit befaßten, geeignete Wässer, Salben, Pulver, Säfte usw.
herzustellen, welche den Zweck haben sollten, das Haar zu krausen. Obwohl
sie hierbei zunächst nur wenig Erfolg hatten, ließen sie sich nicht davon abbringen; nach und nach machten sie doch Fortschritte und kamen beim
Haarkrausen auf folgende Technik. Sie rollten das ganze Kopfhaar auf
kleine Bambusstäbchen oder Tierknochen. Zum Anfeuchten diente ihnen
hierbei eine laut Rezept zusammengestellte Lösung. Nachdem das Haar aufgerollt war, wurde der ganze Kopf mit heißem Schlamm eingepackt. Nach
dessen Erkalten bröckelte man ihn wieder ab und wiederholte den Vorgang
6—8 mal. Wenn man dann glaubte, dem Haar die richtige Form gegeben zu
haben, wurde das Haar von den Bambusstäbchen wieder abgerollt. Nachdem
alles aus dem Haar entfernt war, wurde wiederum eine Lösung zusammengestellt, mit welcher man das Haar gründlich durchspülte, wie es die Schriftzeichen bestätigen. So eine Dauerwelle (oder besser Dauerkrause) hatte eine
Haltbarkeit von 3—4 Monaten. Dies war für die damalige Zeit schon eine
große Errungenschaft. Da diese Arbeiten sehr primitiv ausgeführt wurden,
benötigte man zu diesem Haarkrausen eine geraume Zeit, welche oft Tage
in Anspruch nahm. Die Arbeiten wurden durch Sklaven ausgeführt. Man
verschönerte diese Frisuren damals noch mit Elfenbeinhaarnadeln und Lotosblumen.

Betrachten wir nun die Entwicklung im Anfang des 20. Jahrhunderts. Die
Tatsache, daß ein französischer Friseur *Marcel*, geb. am 18. 10. 1852 in
Chauvieux in Frankreich, durch die Erfindung der Ondulation zum Millionär
wurde, ließ den ehrgeizigen Schwarzwälder Karl Neßle nicht ruhen. Er hatte
erkannt, daß diese Erfindung viel wert war, aber es ließ ihm keine Ruhe, sie
zu verbessern, und zwar wollte er diese Erfindung zu einer wetterbeständigen
Dauerkrause weiterentwickeln. Seine Beobachtung, daß zum Beispiel das
gebrannte Haar in der Feuchtigkeit sein schönes Aussehen verlor, dagegen
das naturkrause Haar sich noch mehr kräuselte, sobald es der Feuchtigkeit
ausgesetzt war, brachte ihm viele schlaflose Nächte. Die gelockte Spiralform
entdeckte er bei einem Morgenspaziergang auch bei den taubedeckten Pflanzen, sie verschwand aber unter der Einwirkung der Sonnenstrahlen. Da

wurde es ihm klar, daß Wärme und Feuchtigkeit die Zellen erweichen und ausdehnen und eine Kräuselung hervorrufen. Dieser Prozeß vollzog sich beim naturgelockten Haar von selbst, beim anderen aber mußte man ihn mittels feuchter Wärme künstlich herbeiführen. *Karl Neßle* trat mit seiner Erfindung im Jahre 1906 das erstemal an die Öffentlichkeit. Er hatte im Wasserdampf das Mittel entdeckt, welches die äußere Hornschicht des Haares erweicht und das Gewebe öffnet. Riesige Ungetüme aus schwerem Metall waren die ersten Dauerwellwickler. Wie es aber sooft mit neuen Entdeckungen ist, schenkte man in deutschen Fachkreisen auch Neßles Erfindung wenig Beachtung. Ja, man lehnte ihn sogar ab. Es wagten kaum einige Frauen, das Experiment am eigenen Kopfe zu erproben. Eine Berliner Portierfrau hat den Ruhm, das erste Dauerwellmodell gewesen zu sein. Die Behandlung dauerte den ganzen Tag. Jede Locke mußte einzeln hergestellt werden. Dieser erste Dauerwellapparat wanderte dann ins Märkische Museum, wo man ihn heute noch bewundern kann. 1910 verließ Neßle Deutschland und ging nach England, wo er seine Arbeit fortsetzte. Auch hier mußte er seine Arbeit wieder im Stich lassen, denn bei Beginn des Weltkrieges begab er sich nach Amerika, um einer Internierung in England zu entgehen. Hier hatte er endlich die Gelegenheit gefunden, seine Erfindung auszuwerten. Schon nach kurzer Zeit gründete er die Dauerwellapparatefabrik Charles Nestle. Nach Beendigung des Weltkrieges begab er sich wieder nach Deutschland, um seine Errungenschaften und Erfahrungen seinen deutschen Kollegen zu unterbreiten.
Bei der Damenwelt fand diese Neuerung große Beachtung und Begeisterung. Viele Friseure erzielten schon ganz gute Erfolge. Aber vollendet war diese Erfindung noch nicht, denn zu dieser Prozedur brauchte man damals immerhin noch 5 Stunden, und die Preise beliefen sich zwischen 60 und 80 Mark.
Eine große Umwandlung brachte das große Dauerwellenpreisfrisieren am 4. 10. 1924 in Dresden. Hier ging es um die schnellste und beste Ausführung der Dauerwelle. Außer vielen deutschen Kollegen meldete sich unter anderem auch der Friseur Josef Mayer aus Karlsbad, welchen man aber mit der Begründung abwies, er sei Ausländer. Auf sein wiederholtes Ersuchen gewährte man ihm schließlich, in einer Ecke des Saales außer Konkurrenz zu arbeiten. Vom Publikum wurde er zuerst gar nicht beachtet, bis mit einem Schlage ein Geflüster durch den Saal ging und sich alle Blicke auf den Kollegen *Josef Mayer* richteten. Er hatte es fertiggebracht, in etwa $2^3/_4$ Stunden eine Dauerwelle nach seinem neuen System herzustellen. Es war die Erfindung der Flachwicklung, welche dort das erstemal in der Öffentlichkeit vorgeführt wurde. Diese hatte der Bolzen- und Stabwicklung gegenüber den Vorteil, daß nur in den Spitzen eine starke Krause erzeugt wurde, womit sich die Flachwicklung besser zur Wasserwelle eignete. Von nun an begann eine neue Epoche, da aus dieser Idee heraus die Dauerwellapparate verschiedener neuer Systeme entstanden.

Wenn das Dauerwellen hier so ausführlich behandelt wird, so ist das darin begründet, daß das Dauerwellen ein gutes chemisches und physikalisches Wissen voraussetzt. Es fordert erstens eine gründliche Kenntnis der Haarstruktur, zweitens der Beschaffenheit des Apparates, drittens der zur Verwendung kommenden Chemikalien und viertens erfordert es praktische Erfahrungen, welche man erst aus der eigenen Arbeit gewinnt. Unser Hauptaugenmerk müssen wir deshalb auf folgende Punkte richten:

1. Die Vorbehandlung (Schneiden, Waschen usw.).
2. Die für das Haar abgestimmte Dauerwellflüssigkeit.
3. Sicher arbeitende Apparate.
4. Das exakte Wickeln.
5. Das richtige Heizen (Heizdauer).
6. Die Nachbehandlung (Abkühlen, Adstringieren usw.).

Das Arbeitsverfahren[1]) soll hier nicht beschrieben werden, da es viele Fachbücher gibt, welche darüber ausführlich berichten, sondern uns soll einmal der Vorgang interessieren, wie die Formveränderung zustande kommt.
Beim Dauerwellen handelt es sich, wie beim Krausen, um ein physikalisches Koch- und Dämpfverfahren, dem das straff gewickelte Haar unterzogen wird, hinzu kommt noch eine chemische Einwirkung durch den Zusatz von Alkalien, welche den Vorgang beschleunigt. Folgende Mittel kommen in Betracht:

physikalische	chemische
Hitze durch:	Alkalische Stoffe:
a) elektrische Widerstände (steigende Hitze)	a) Borax, $Na_2B_4O_7$
b) vorher erhitzte Körper (fallende Hitze)	b) Natronlauge, NaOH, Salmiakgeist, NH_4OH
c) durch Dampfzufuhr (bleibende oder bestehende Hitze)	c) Soda, Na_2CO_3
d) durch Heißluftzufuhr (Diathermie-Verfahren)	d) Pottasche, K_2CO_3
	e) Öle u. a. m.

Der Vorgang ist folgendermaßen: Das Haar saugt die Dauerwellflüssigkeit auf, wird unter der Wirkung der Chemikalien aufgeweicht und verändert seine Struktur. Durch ein festes Aufwickeln findet eine Umlagerung und Veränderung der Hornzellen statt, so daß das Haar leicht abgeplattet wird. Man verlangt von einer guten Dauerwelle, daß das Haar seine Elastizität behält, das heißt, die Krause darf nicht zu stark und nicht zu schwach werden. Das Dauerwellen besteht aus folgenden Einzelvorgängen:

---

[1]) Siehe in Günter Staps, Der junge Friseur. Verlag H. Killinger, Nordhausen.

1. Die heiße Dauerwellösung mit starker, alkalischer Reaktion wirkt auf das Haar ein.
2. Die Zellen des Haares (organische Stoffe) werden aufgeweicht. Die äußeren Schichten bilden eine strukturlose Masse.
3. Das erweichte Haar nimmt die durch das Wickeln gegebene Form an.
4. Die durch das Heizen umgebildete Form erkalten lassen.
5. Das Adstringieren (Neutralisieren) des Haares = alkalische Wirkung aufheben.
6. Die anschließende Wasserwelle.

Man merke sich, daß die Alkalisierung des Haares nicht übertrieben werden darf, da dies leicht dem Haar schadet, auch ein Übersäuern des Haares wirkt sich nicht von Vorteil aus. Hier heißt es, die einzelnen Chemikalien richtig anwenden, um Fehler zu vermeiden. Eine mikroskopische Untersuchung des Haares zeigt uns, welche Auswirkung diese Mittel auf das Haar haben, welche Schäden dabei entstehen können und welche Richtlinien sich für eine richtige Arbeit des Friseurs daraus ergeben. Dies wird auf den folgenden Seiten genauer erläutert.

Die Kaltwelle

Zuerst soll etwas Geschichtliches über die Kaltwelle gesagt werden. Man hat die Kaltwelle nicht dazu erfunden, damit es neben der Heißwelle noch die Kaltwelle gibt, sondern der Sinn dieser Erfindung liegt tiefer. Der Wunsch, aus glattem Haar krauses zu machen, gab die Veranlassung zur Anwendung der Wärme bei der Heißwelle. Dies konnte man aber auf kaltem Wege durch keinen Apparat erreichen, und so mußte die chemische Wissenschaft eingreifen, der dann durch jahrelange Arbeit auch gelungen ist, auf rein chemischem Wege eine Formveränderung der Haare herbeizuführen. Die ersten Zeugnisse über die Lösung des Problems der kalten Verformung des Haares sind die Patente Nr. 453700 und 453701 des britischen Patentschutzes aus dem Jahre 1935 gewesen. Unabhängig davon wurde im gleichen Jahre das deutsche Patent Nr. 697634, hier die Erfindung der Kaltwelle, eingetragen. Die beschriebenen Präparate waren aber noch nicht vollendet, denn es hafteten ihnen noch viele Mängel an. Dann trat auf diesem Gebiet auf dem europäischen Kontinent durch die Kriegsereignisse ein Stillstand ein. Die von der Not unberührten USA arbeiteten weiter und vervollständigten das Verfahren der Kaltwelle bis zu seinem heutigen Stand. Gleich nach der Beendigung des Krieges bekamen auch wir diese neue Haarverformung in die Hände, und wir überzeugten uns, daß die Kaltwelle neben der heißen Dauerwelle ihren Platz zu Recht einnimmt.

An den nachfolgenden Abbildungen können wir die Haarumformung bei der Kaltwelle schematisch verfolgen. Es wird uns klarwerden, wie sich die ein-

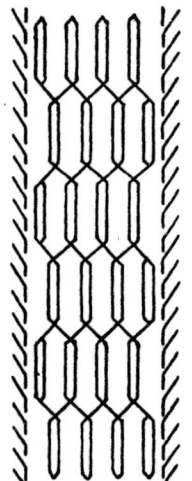 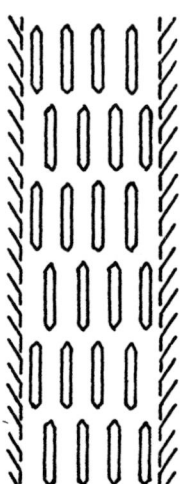

Abb. 28. Die Bindung der Haarmizellen   Abb. 29. Die Haarmizellen nach Beim normalen Haar (schematisch, stark   handlung mit dem Kaltwellpräparat
                vergrößert)

zelnen Stoffe auf das Haar auswirken. In der schematischen Darstellung
Abb. 28 sehen wir stark vergrößert das Haar nach einer alkalischen Wäsche.
Außer den abstehenden Hornplatten ist die Struktur des Haares normal.
Sichtbar sind die Keratinmizellen und die Brücken, welche die einzelnen
Zellen miteinander verbinden. Wird nun das Haar mit dem eigentlichen
Kaltwellpräparat befeuchtet, so lösen sich die Verbindungen, und das Haar
bildet in seiner Struktur eine bewegliche Masse. Diese Wirkung des Kalt-
wellpräparates wird in der stark vergrößerten schematischen Darstellung
des Haares der Abb. 29 gezeigt. Man kann nun das Haar in die Form bringen, die man wünscht. Die Zellen verschieben sich dann in diese Form. Man
kann somit auch aus krausem Haar ein glattes machen, indem man das
Haar mit dem Kaltwellpräparat gut anfeuchtet und dann glatt kämmt. Will
man das Haar krausen, so muß man ihm diese Form durch Aufrollen auf
Wickel geben. Ist das erweichte Haar aufgerollt, so lagern sich die Keratinmizellen in diese Form. Die innere Seite des gekrümmten Haares muß
gegenüber der äußeren Seite eine wesentlich kürzere Länge annehmen,
dadurch ist das Haar gezwungen, die Zellen von innen nach der Seite zu
verschieben. Wie das Haar dann im Querschnitt aussieht, zeigt schematisch
die Abb. 30.
In Abb. 30 liegt die Innenseite der Krümmung unten. Man sieht, daß mehr
Zellen von der Innenseite nach der Außenseite gedrängt sind. Würde man
das Haar nun wieder abrollen und durchkämmen, so würde die krause Form

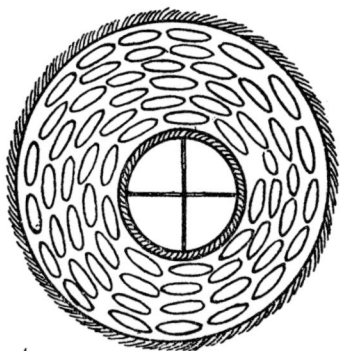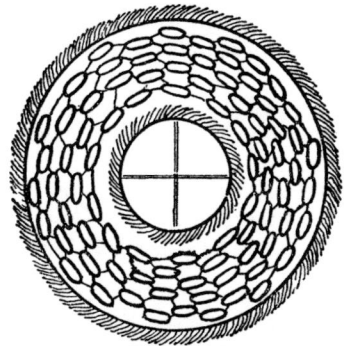

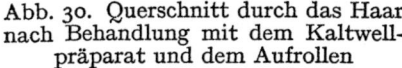

Abb. 30. Querschnitt durch das Haar nach Behandlung mit dem Kaltwellpräparat und dem Aufrollen

Abb. 31. Querschnitt durch das Haar nach Behandlung mit dem Fixiermittel des Kaltwellverfahrens

wieder verschwinden, da die Zellen noch nicht wieder gefestigt sind. Man muß also das Haar auch nach der Einwirkung des Präparates noch aufgerollt lassen und die Zellenverbindung erst wiederherstellen. Dies geschieht mit dem dazugehörigen Fixierungsmittel. Das Haar wird mit diesem mehrmals gründlich gespült, dadurch wird es gefestigt; die Zellenverbindungen bilden sich wieder (Abb. 31), und zwar verbinden sich die Zellen nach der neuen Lage des Haares. Hieraus können wir ermitteln, wie wichtig die Fixierung nach der Einwirkung des Kaltwellpräparates ist. Glaubt man das Haar genügend gefestigt zu haben, entfernt man die Wickel, etwaige vorhandene Fixierlösung dient zur Nachspülung. Hierauf folgt dann das Adstringieren (Neutralisieren) des Haares. Dadurch wird erreicht, daß sich die Hornplättchen der Hornschicht wieder an das Haar anlegen und somit dem Haar den eigentlichen Glanz verleihen. Dann folgt das Legen der Wasserwelle. Erwähnt sei, daß die Darstellungen den Vorgang nur schematisch erläutern. In den meisten Kaltwellpräparaten finden wir als Hauptbestandteile Thioglykolsäure, Natriumhydrosulfat, Kaliumchlorat und andere Stoffe vor. Zur Fixierung dient meistens eine ½–1%ige Wasserstoffsuperoxydlösung. Die wesentlichsten Punkte der Kaltwellbehandlung sind folgende:

1. Die Gebrauchsanweisung des zur Verwendung kommenden Präparates genauestens beachten.
2. Bei Verletzungen keine Kaltwellbehandlung vornehmen.
3. Die Kleidung der Kundin vor dem Präparat schützen.
4. Keine Metallkämme, -wickel, -klemmen, -nadeln oder Metallgefäße verwenden.
5. Das Haar in dünnen Strähnen, nicht straff, gleichmäßig und flach aufwickeln.

6. Das Haar gut mit der Kaltwellösung durchfeuchten und verhindern, daß die Kaltwellflüssigkeit auf die Kopfhaut kommt.
7. Während der Einwirkung durch einen Probewickel sich überzeugen, wie weit die Umformung vorgeschritten ist.
8. Erst mit klarem Wasser den aufgerollten Kopf abspülen, dann intensiv fixieren.
9. Verwendetes Material ist nach Gebrauch sofort zu waschen (Gummi, Wickler, Schwämme, Haube usw.).
10. Bei empfindlichen Händen, diese schützen.

Beachtet man diese Punkte gut, wird man selten einen Mißerfolg haben, der jedoch durch größte Sorgfalt vermieden werden muß. Kommt einmal ein Fehlerfolg vor, soll man nicht gleich den Mut sinken lassen, sondern den Fehler zu ergründen versuchen. Um Fehler zu ergründen, muß man folgende Punkte stets beachten:

1. Arbeitsweise: genau überlegen, was könnte falsch gemacht worden sein.
2. Werkzeuge und Material: Werkzeuge und Material daraufhin untersuchen.
3. Die behandelte Person: etwaige Krankheit, Allergie, Immunität usw.

Aus Fehlern kann man seine theoretischen Kenntnisse ergänzen, und mancher Fehler brachte Neuentdeckungen mit sich, die einem bei späteren Arbeiten nützlich sind.

Das Blondieren

Blondieren und Bleichen wird von den meisten Menschen als dasselbe betrachtet, beides ist aber sehr unterschiedlich. Bleichen ist ein reiner Bleichvorgang, wozu außer dem Bleichmittel nichts weiter verwendet wird. Dagegen gehört zum Blondieren Bleichmittel und Blondiermasse.
Wenn wir in der Geschichte zurückblicken, so war es schon immer der Wunsch der Menschen, blondes Haar zu besitzen und sich dessen Beliebtheit zu erfreuen. Bevor man das Wasserstoffsuperoxyd entdeckt hatte, versuchte man das Blond durch vegetabilische Mittel zu erzielen. Die Erfolge waren jedoch sehr zweifelhaft und gering. Desto mehr gewannen die Blondierungen nach der Entdeckung des Wasserstoffsuperoxydes an Erfolg. Man kannte aber zunächst die Gefahr noch nicht, die Wasserstoffsuperoxyd für das Haar bedeutete. Nunmehr konnte man sich nicht mehr auf das Altgewöhnte „Man nehme..." beschränken, sondern Erfahrung und gutes Fachwissen waren ausschlaggebend für eine gute Arbeit.
Auf die Auftragsweise[1]) soll hier nicht näher eingegangen werden, sondern hier soll nur die Wirkung des Blondier- bzw. Bleichmittels behandelt werden. Der Blondiervorgang ist eine Oxydation. Die Blondierung des Haares wird

[1]) Siehe in Günter Staps, Der junge Friseur.

dadurch hervorgerufen, daß man an die Farbkörperchen, welche in der Rindenschicht des Haares sitzen', den Sauerstoff heranbringt. Dieser Sauerstoff oxydiert, das heißt, er verbrennt die Farbkörperchen (Pigmente) des Haares zu farblosen Stoffen. Als naheliegendes Beispiel sei hier die Verbrennung der Nahrung im menschlichen und tierischen Körper angeführt, wozu durch Einatmen der Luft der nötige Sauerstoff zugeführt wird. Hierdurch wird die Körperwärme (37° C) erzeugt und aufrechterhalten. Diese Körperwärme trägt sehr viel zur Beschleunigung des Blondiervorganges bei, deshalb trägt man die Blondiermasse bei einer Ganzblondierung auf den Teil des Haares an der Kopfhaut zuletzt auf. Uns ist aber nun bekannt, daß das Haar aus drei Schichten besteht. Wir wissen auch, daß die oberste Schicht die Aufgabe hat, die beiden inneren Schichten vor den äußeren Einflüssen zu schützen. Auch das Wasserstoffsuperoxyd kann nur langsam in das Haar vordringen. Um dies zu beschleunigen, setzt man dem Blondiermittel einen alkalisch wirkenden Stoff zu, welcher die Hornstoffe des Haares erweicht. Hierzu wird meistens Salmiakgeist (NH$_4$OH) verwendet, mit welchem gleichzeitig die Wirkung der Säure aufgehoben wird, mit der Wasserstoffsuperoxyd stabilisiert ist.

Nachfolgende Abb. 32 gibt uns eine schematische Erklärung des Blondiervorganges. Dargestellt ist das Molekül des Wasserstoffsuperoxyds und die

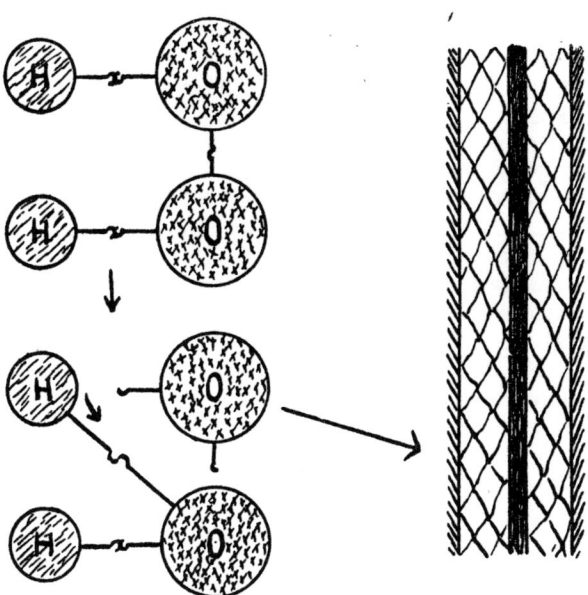

Abb. 32. Abspaltung von Sauerstoff aus dem Wasserstoffsuperoxydmolekül

Abgabe von Sauerstoff. Dieser Sauerstoff tritt in das Haar ein und oxydiert die Farbkörperchen im Haar. Aus Wasserstoffsuperoxyd ist durch die Abgabe von 1 Teil Sauerstoff wieder Wasser geworden. Ein vollendetes Blondiermittel muß folgende Voraussetzungen erfüllen:

1. Kein Brennen auf der Kopfhaut.
2. Eine schwache alkalische Wirkung.
3. Kurze Einwirkungsdauer.
4. Gehalt von Haarschutzstoffen.
5. Kein Eintrocknen des Blondiermittels.
6. Schnelles und leichtes Auswaschen.
7. Erzielung eines schönen Tones.
8. Keine nachwirkenden Eigenschaften.

Auch hier sind die drei Punkte über die Ergründung von Fehlern (siehe S. 76) von großer Bedeutung für den Erfolg.

Das Färben

Über das Färben könnte man lange Abhandlungen schreiben, dies soll aber hier nicht geschehen, sondern wir wollen wie beim Blondieren nur die Wirkung der Haarfarbe auf das Haar kennenlernen. Doch bevor wir dazu übergehen, soll etwas über die Geschichte des Haarfärbens gesagt werden. Das Haarfärben ist keine Errungenschaft der letzten Jahrzehnte, sondern, wie Gräberfunde, Bilder und Aufzeichnungen beweisen, wurde schon von den alten Völkern das Haarfärben ausgeführt. Alte Färberezepte, Schminktöpfe und Farbstifte geben darüber Auskunft, daß das Haar schon bei den alten Ägyptern, Babyloniern, Syriern 3000 Jahre vor der Zeitenwende gefärbt worden ist. Pulverisierte Pflanzen und Pflanzenextrakte waren die damaligen Mittel. Das wichtigste dieser Mittel ist das Henna (arabisch) oder wie der Franzose dazu sagt Henné. Lawsonia inermis ist der wissenschaftliche Name für diese Pflanze, welche im Orient (Afrika, Ägypten, Kleinasien) beheimatet ist. Henna ergibt eine hellrote bis rote Farbe, diese kann man durch organische Zutaten verändern. Solche organischen Zutaten sind z. B. Reng, Weid, Indigo, Sumach, Catechu, Persio u. a. m. Die Farbe von Reng ist schwarz, und ein Zusatz zu Henna würde diesen roten Farbton also verdunkeln. Reng ist ein Produkt des Indigostrauches. Indigo ergibt eine blaue Farbe, Sumach dagegen ergibt gelbliche Nuancen. Wie weitere Schriftstücke nachweisen, färbte man auch mit Nußschalen, Galläpfeln sowie mit verschiedenen Metallsalzen, bis dann im Jahre 1860 durch den Chemiker Hofmann das sogenannte Paraphenylendiamin erfunden wurde. Dies gab eine kleine Wendung in der Haarfärberei. Aber erst nach der Entgiftung dieses Präparates kam der große Aufschwung in seiner Verwendung beim Haarfärben. Diese Farben sind nämlich die Oxydationshaarfarben (s. S. 63),

welche heute die größte Bedeutung haben. Über die einzelnen Anwendungsarten der Oxydationshaarfarben ist schon viel geschrieben worden; uns soll
hier nur die Wirkung der Farbe interessieren. Eine solche Oxydationshaarfarbe besteht aus der Farbe selbst und aus dem Entwickler. Der Vorgang
beim Färben ist folgender: Die Farbflüssigkeit, der der beigegebene Entwickler zugemischt ist, wird auf das Haar aufgetragen, diese dringt in das
Haar ein. Nunmehr kommt der Entwickler zur Wirkung und bringt die
Färbung zur Perfektion. Das Präparat im Haar wird oxydiert und dadurch
in einen Farbstoff umgewandelt. Diese Farbstoffteilchen sind im ursprüng-
lichen Präparat nicht vorhanden, sondern bilden sich erst durch die Oxydation der Droge infolge der Wirkung des Entwicklers. Da die Oxydation
im Haar selbst stattfindet, kann der Farbstoff durch Abwaschen nicht
wieder aus dem Haar entfernt werden. Folgende Darstellung erläutert den
Vorgang:

$$\text{Oxydationshaarfarbe} + \text{Entwickler } (H_2O_2) = \text{Farbmoleküle}$$

die in der Flasche   +   Sauerstoff   ergibt dann den
befindliche Droge   oxydierten Farbstoff

Es wird uns auch verständlich werden, daß das Färbemittel in angerissenen
Flaschen mit dem in der Flasche vorhandenen Sauerstoff eine Verbindung
eingeht und sich somit schon oxydiert. Deshalb empfiehlt es sich nicht, Farb-
reste aufzubewahren. Die Einlagerung des Farbstoffes in das Haar soll noch
an Hand folgender Abbildungen dargestellt werden:

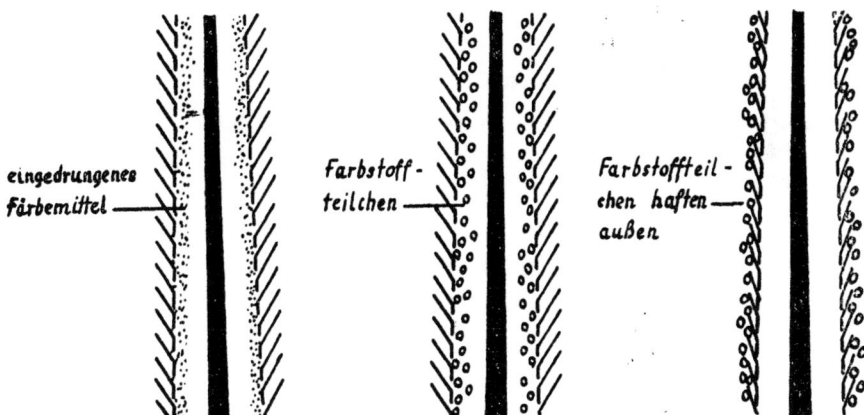

Abb. 33. Das Färbemittel   Abb. 34. Die Farbstoffmo-   Abb. 35. Die Farbstoffteil-
ist in das Haar einge-   leküle sind im Haar ge-   chen haften außen am
drungen   bildet und fixiert worden   Haar

Abb. 33 zeigt, wie durch die geöffneten Hornschuppen die Farbflüssigkeit
in das Haar eindringt. Der Entwickler bringt durch seinen Sauerstoff die
Farbflüssigkeit zur Auswirkung, so daß sich Farbmoleküle bilden (Abb. 34).
Diese erreichen aber eine Größe, welche es verhindert, daß die Farbe wieder
aus dem Haar heraus kann. Wäscht man nun nach der Färbung das Haar,
so kann man die im Haar befindliche Farbe nicht mehr auswaschen. Eine
nachfolgende Adstringierung schließt dann die Haarschuppen. Diese Farbstoffmoleküle kann man sehr deutlich erkennen, wenn man etwas Farbflüssigkeit unter dem Mikroskop betrachtet. Gibt man zu dieser den Entwickler, so kann man genau verfolgen, wie sich die Farbmoleküle bilden.
Abb. 35 zeigt ein Haar, bei dem die Haarschuppen nicht geöffnet sind, so
daß das Färbemittel nicht in das Haar eindringen konnte und eine Farb-
einlagerung in das Haar sehr erschwert war oder nicht zustande kam. Die
gebildeten Farbstoffmoleküle haften am Haarschaft und werden durch die
nachfolgende Wäsche abgewaschen. Der Grund, daß sich die Haarschuppen
(Hornplättchen) nicht geöffnet hatten, kann daran liegen, daß eine alkalifreie Seife zur Haarwäsche benutzt wurde, oder der Fehler ist darin zu sehen,
daß das Haar nach der Kopfwäsche sauer gespült wurde, wie es die Haus-
frauen immer tun. Auch die Struktur des Haares kann daran schuld sein,
daß es auf die alkalische Wäsche nicht reagiert. Diesen Fällen kann durch
eine Vorbeize nachgeholfen werden, welche die Hornschicht des Haares öffnet, so daß die Farbflüssigkeit in das Haarinnere eindringen und wirken
kann. So ist der Vorgang bei den Oxydationshaarfarben.

Bei den Metallhaarfarben ist der Vorgang ein anderer. Bei diesen dringt die
Farbflüssigkeit nicht in das Innere des Haares, sondern die Metallhaarfarben
bilden einen Mantel um das Haar.

Als Hauptpunkte beim Färben sind zu beachten:

1. Vor jeder Erstfärbung Probe auf Idiosynkrasie machen.
2. Prüfen, womit vorher gefärbt wurde.
3. Richtiges Abstimmen der Farbe.
4. Korrektes und schnelles Auftragen der Farbe.
5. Farbeinwirkung (Entwicklung der Farbe).
6. Die Vor- und Nachbehandlung.

Wann muß ich eine Färbung vermeiden?

1. Wenn sich das Haar in krankem Zustand befindet, so daß das Haar benachteiligt werden könnte.
2. Während der periodischen Indispositionen (Menstruation).
3. Während des Klimateriums (Wechseljahre).
4. Bei Feststellung von Idiosynkrasie.
5. Bei Jod- oder Bromkuren.

SCHLUSSWORT

Die vorstehenden Ausführungen sollen dem jungen Friseur die Fachchemie näherbringen, ihn in das chemische Denken einführen und ihn dazu bringen, über die chemischen Vorgänge seiner Berufsarbeit nachzudenken. Wenn der Friseurlehrling oder -gehilfe den vorstehenden Wissensstoff beherrscht, so dürften diese chemischen Kenntnisse für seinen Beruf ausreichen und dazu beitragen, die praktischen Leistungen in unserem Fach zu steigern, Mißerfolge auszuschalten und die Kundschaft zufriedenzustellen. Der Friseur sei sich stets der großen Verantwortung seiner Tätigkeit bewußt, da er ja am ,,lebenden Objekt" arbeitet, und die Kundschaft ihm niemals das ,,Versuchskaninchen" sein darf. Wenn sich der junge Friseur dies alles zu eigen macht, so ist der Zweck dieser Schrift erreicht.

Ich hoffe, hiermit allen Kollegen, die ihren Beruf als erste Lebensaufgabe ansehen, das geeignete Fachbuch in die Hand gegeben zu haben, das ihm ein Helfer für die praktischen Arbeiten sein soll. Es soll als Nachschlagewerk stets ein Bindeglied zwischen ihm und der Arbeit sein. Auch dient dieses Buch als Lehrbuch für die Chemiestunden in der Fachschule. Der beigefügte Anhang bringt die gesamten Themen als Wiederholung in Frage und Antwort.

Auch der Fachlehrer wird für den Unterricht in den Friseurklassen aus dieser Schrift seinen Nutzen ziehen, da sie ihm als Leitfaden für den Chemielehrstoff der Friseure dienen kann und alles Notwendige umfaßt. Entbehrliches wurde fortgelassen, da dies Fachbuch auf die Bedürfnisse der Praxis zugeschnitten ist.

Es gehört eifriges Studieren in Theorie und Praxis dazu, um die Erfolge zu erzielen, welche gefordert werden, und so soll auch dieses Buch ein Baustein werden und dazu beitragen, die Fachliteratur zu ergänzen, die allen Kollegen Weiterbildung und Fortschritt bringen soll. Dem Nachwuchs soll es vorbehalten sein, weiter zu forschen und Verbesserungen zu erzielen. Hierbei darf es nicht sein, daß Kollegen ihre Erfahrungen als strenges Geheimnis hüten, denn diese Menschen sind ein Hindernis in unserer Berufsentwicklung.

Nie Stillstand, denn Stillstand bedeutet Rückschritt und Rückschritt bedeutet unrentable Arbeit.

Günter Staps

ANHANG

Die Chemie für den Friseur in Frage und Antwort

500 Fragen

für Prüfungen im Friseurhandwerk

EINLEITUNG ZUM ANHANG

Manche Gebiete sind schwer zu begreifen, und eine mehrmalige Wiederholung macht sich notwendig. Da hierzu kaum irgendwo genügend Zeit vorhanden ist, wird eine Wiederholung meistens nur in großen Zügen vorgenommen. Die nun folgenden Fragen mit ihrer Beantwortung sind aus dem gesamten Inhalt dieses Buches genommen und sollen eine eingehende Wiederholung darstellen.

Auch wird dieses Frage-und-Antwort-Spiel gern von den Prüfungskommissionen angewendet, da es sich um klare sachliche Fragen handelt. Diese Fragen und Antworten sind in dieselben Abschnitte unterteilt, wie es im Text der Fall war. Die markantesten Punkte sind in den Fragen enthalten, und ein Fachlehrer kann (wenn er einzelne Abschnitte durchgenommen hat) sich vergewissern, inwieweit die Gebiete von den Schülern verstanden und aufgenommen worden sind. Er stellt somit fest, welchen Fragen er sich mehr zuwenden muß. Dieser Anhang bietet auch eine Selbstkontrolle für jeden Schüler, indem man die Antworten mit einem Blatt Papier verdeckt. Ich wünsche deshalb allen bei der Beantwortung der nachfolgenden Fragen ein gutes Ergebnis.

Günter Staps

1. ABSCHNITT

Aus der Geschichte der Chemie

1. Woher kommt das Wort „Chemie"?
Aus dem Griechischen „chymkos" und Arabischen „Kimija". Chymkos besagt soviel wie die Säfte. Kimija besagt soviel wie die Substanz.
2. Wer führte die Chemie früher aus?
In der Hauptsache Sklaven und Unfreie.
3. Wie nannte man die Leute, die sich mit der Chemie befaßten?
Die Alchimisten.
4. Welche Ansicht vertraten die Alchimisten?
Sie glaubten aus unedlen Metallen Gold erzeugen zu können.
5. Was kann man als erste Erfindung der Chemie bezeichnen?
Das Feuer, welches vor 500 000 Jahren erfunden wurde und mit welchem sich das Leben der damaligen Menschen neu gestaltete.
6. Nenne weitere Erfindungen in der Chemie!
Gewinnung des Eisens aus dem Erz; Farbwirkung der Purpurschnecke u. a. m.
7. Wann kam die Chemie nach Europa?
Im 12. und 13. Jahrhundert durch die Araber über Spanien.
8. Womit befaßten sich die Alchimisten in Europa?
Wie in anderen Ländern auch mit der Goldgewinnung und der Sucht nach ewiger Jugend.
9. Unter welchen Namen führte man die Chemie noch?
Man nannte sie noch „Schwarze Kunst" und „Hexerei".
10. Welche Vorteile und Nachteile brachte in damaliger Zeit die Chemie?
Erfindung des Porzellans, des Schießpulvers usw. Verarmung der Familien.
11. Nenne Geräte, welche in einem chemischen Laboratorium zur Anwendung kommen?
Mörser, Tiegel, Dreifüße, Destillierhelm u. a. m.

2. ABSCHNITT

Aus dem Leben großer Chemiker

12. Nenne bedeutende Chemiker!
Paracelsus, Karl-Wilhelm Scheele, Justus Liebig, Lavoisier, Mendelejew u. a.

6*

13. Was ist das Wichtigste aus dem Leben des Paracelsus?
Er hat die Goldmacherei der Alchimisten als erster mit Erfolg bekämpft, um sie zum Wohle der gesamten Menschheit auszunutzen.
14. Welche wichtige Entdeckung hat Karl-Wilhelm Scheele gemacht?
Außer seinen anderen Entdeckungen fällt in die Jahre 1771/72 die Entdeckung des Sauerstoffes.
15. Welche bedeutende Aufgabe erfüllte Justus Liebig in der Chemie?
Justus Liebig zählte zu den Vorkämpfern der Nahrungsfreiheit. Er sagte auch den folgenden Satz: ,,Empfängt der Boden von allen diesen Stoffen, die er an die Pflanzen abgegeben hat, nichts zurück, so muß ein Zeitpunkt eintreten, wo er an eine neue Saat keinen dieser Bestandteile abgeben kann, wo er völlig erschöpft, völlig unfruchtbar selbst für Unkrautpflanzen werden muß.''
16. Was brachte Lavoisier zu seiner Berühmtheit?
Die Erfolge verdankte er der Anwendung einer guten Waage.
17. Welche Ziele verfolgten alle Chemiker?
Durch ihre Erfindungen der Menschheit Nutzen zu bringen.
18. Welches ist der größte Erfolg aus dem Leben Mendelejews?
Die Aufstellung des ,,Periodischen Systems''.
19. Wann wurde die Arbeit Mendelejews voll gewürdigt?
Erst nach der Oktoberrevolution fanden seine Ideen Anerkennung.

3. ABSCHNITT

Der Unterschied zwischen Physik und Chemie

20. Womit beschäftigen sich Physik und Chemie?
Mit den Stoffen und Grundstoffen, welche auf der Welt vorkommen.
21. Wie unterscheidet man die Chemie von der Physik?
Die Chemie befaßt sich mit der Zerlegung und Zusammensetzung der Stoffe und den Stoffveränderungen.
Die Physik dagegen beschäftigt sich mit der Form, Farbe, Härte, Struktur, dem Zustand, der Lage, Geschwindigkeit, dem Geruch, Gewicht, der Größe sowie Festigkeit des Stoffes.
22. Welcher Art sind die Vorgänge bei der Dauerwelle?
Die Formveränderung ist physikalisch, der Vorgang beruht jedoch auf chemischen Mitteln.
23. Welcher Art sind die Vorgänge beim Haarfärben?
Die Farbveränderung ist physikalisch, der Vorgang ist beim Färben (Oxydationsfarbe) ein chemischer.
24. Was ist ein chemischer Vorgang?
Ein chemischer Vorgang liegt vor, wenn sich der Stoff in einen anderen verwandelt und somit andere Eigenschaften annimmt.

25. Was ist ein physikalischer Vorgang?

Ein physikalischer Vorgang liegt vor, wenn der Stoff derselbe bleibt und sich nur in seiner Form, Größe, Farbe oder seinen sonstigen Eigenschaften verändert.

26. Nenne ein anschauliches Beispiel für den Unterschied dieser zwei Wissenschaften!

Indem ich ein Blatt Papier verbrenne, entsteht Asche; dies ist ein anderer Stoff — der Vorgang ist chemisch.

Wenn ich ein Blatt Papier zerschneide oder zerreiße, bleibt es Papier; es verändert sich nur in seiner Eigenschaft der Größe — der Vorgang ist physikalisch.

27. Ist es ein chemischer oder physikalischer Vorgang, wenn ich Wasser verdampfen lasse?

Es ist ein physikalischer Vorgang, denn es bleibt Wasser, es verändert nur seinen Aggregatzustand von der flüssigen zur gasförmigen Form.

4. ABSCHNITT

Einführung in die Grundbegriffe der Physik

28. Was zählt man zu den Grundbegriffen der Physik und Chemie?

Die Maß- und Gewichtseinheiten.

29. Wozu benutzt man Maß- und Gewichtseinheiten?

Zum Messen und Wiegen der Stoffe!

30. Was sind Maßeinheiten?

Längenmaße, Flächenmaße, Hohlmaße und Körpermaße.

31. Nenne verschiedene Längenmaße?

Kilometer (km), Meter (m), Dezimeter (dm), Zentimeter (cm), Millimeter (mm), Mikron (μ) und Millimikron ($\mu\mu$).

32. Welche Flächenmaße gibt es u. a.?

Quadratkilometer (km²), Hektar (ha), Ar (a), Quadratmeter (m²), Quadratdezimeter (dm²), Quadratzentimeter (cm²) und Quadratmillimeter (mm²).

33. Was sind Hohlmaße?

Hektoliter (hl), Dekaliter (dkl), Liter (l), Deziliter (dl) und Zentiliter (cl).

34. Was sind Körpermaße?

Kubikmeter (m³), Kubikdezimeter (dm³), Kubikzentimeter (cm³) und Kubikmillimeter (mm³).

35. Nenne verschiedene Gewichtseinheiten!

Tonne (t), Kilogramm (kg), Gramm (g), Dezigramm (dg), Zentigramm (cg), Milligramm (mg), Pfund (Pfd), Zentner (Ztr) und Doppelzentner (dz).

36. Was heißt spezifisches Gewicht?

Das spezifische Gewicht ist das Gewicht von 1 Liter des betreffenden Stoffes in Kilogramm.

37. Was heißt das?
  1 Liter Wasser wiegt 1 kg, 1 Liter eines anderen Stoffes wiegt mehr oder weniger, diese Zahl ist das spezifische Gewicht.
38. Nenne einige Stoffe, deren spezifisches Gewicht bekannt ist?
  Alkohol = 0,8, Spiritus = 0,85, Salmiakgeist = 0,89, Eis = 0,8.
39. Was hält die Moleküle eines Stoffes zusammen?
  Eine physikalische Kraft.
40. Wie nennt man diese physikalische Kraft?
  Kohäsion.
41. Welche Bedeutung hat das Wort?
  Kohäsion ist aus den lateinischen Wörtern cohaesio und cohaerere abgeleitet worden und bedeutet soviel wie zusammenhängend.
42. Bei welchen Stoffen ist die Kohäsion größer?
  Bei festen Stoffen ist die Kohäsion größer wie bei flüssigen Stoffen.
43. Bei welchen Stoffen ist die Kohäsion nicht mehr vorhanden?
  Bei gasförmigen Stoffen.
44. Wie nennt man das Aneinanderhaften zweier verschiedener Stoffe?
  Adhäsion.
45. Gib Beispiele für die Adhäsion!
  Die Kreide an der Tafel, die Farbe an der Wand, das Zusammenkleben von Papier a. u. m.
46. Was heißt Adhäsion?
  Es heißt soviel wie an etwas hängen.
47. Wie nennt man die Zustandsform eines Stoffes?
  Aggregatzustand.
48. Wieviel Zustandsformen gibt es?
  Es gibt drei Zustandsformen.
49. Welche sind das?
  Fest, flüssig und gasförmig.
50. Gib ein Beispiel eines Stoffes in mehreren Aggregatzuständen!
  Das Wasser: In fester Form als Eis.
              In flüssiger Form als Wasser.
              Gasförmig als Wasserdampf.
51. Wovon ist der Aggregatzustand abhängig?
  Von der Temperatur, denn diese beeinflußt den Aggregatzustand.
52. Was verändert sich außerdem, wenn sich die Form verändert?
  Die Kohäsion.
53. Was geschieht mit dem Stoff, wenn er gasförmig wird?
  Er dehnt sich aus.
54. Wie nennt man diese Ausdehnung?
  Expansion.
55. Wie groß ist die Ausdehnung beim Wasser?
  Aus 1 Liter Wasser wird beim festen Zustand 1,1 Liter Eis und im gasförmigen Zustand 1700 Liter Wasserdampf.
56. Bei welchem Vorgang haben wir mit einer Verdampfung zu tun?
  Bei der Destillation.

57. Was heißt Destillation?
Die Überführung eines flüssigen Stoffes in einen gasförmigen und wieder zurück in den flüssigen Zustand.
58. Was erzielt man, wenn man Wasser destilliert?
Man erhält ein chemisch reines Wasser.
59. Wie ist der Name für destilliertes Wasser?
Aqua destillata.
60. Welche Geräte sind zu einer Destillation nötig?
Destillationskolben, Bunsenbrenner, Kühlschlange und Vorlage.
61. Wo erkannte man zuerst eine Destillation?
In der Natur, die Verdunstung des Wassers, die Abkühlung in der Luft, der Niederschlag als Regen.
62. Ist Regenwasser destilliertes Wasser?
Ja, aber er ist nicht chemisch rein, da auf dem Wege zur Erde allerhand in der Luft befindliche Stoffe aufgenommen werden.
63. Wie bezeichnet man den Kalkgehalt des Wassers?
Man bezeichnet ihn mit Härtegraden.
64. Wonach sind die Härtegrade abgestimmt?
1 g Kalk auf 100 Liter Wasser ist ein deutscher Härtegrad.

5. ABSCHNITT

Die Grundbegriffe der Chemie

65. Welcher Stoff hat in der Natur überragende Bedeutung?
Das Wasser.
66. Was vertraten die alten Griechen für eine Auffassung gegenüber dem Wasser?
Wasser wäre der einzige Grundstoff, aus dem die Welt bestünde; ohne Wasser kein Leben.
67. Welche Anschauung vertrat man später?
Die Welt besteht aus vier Grundstoffen, aus welchen sie sich aufbaut.
68. Wie heißen diese vier Grundstoffe?
Wasser, Erde, Luft und Feuer.
69. Zu welcher Erkenntnis kam man später?
Daß diese vier Begriffe keine Grundstoffe darstellen, sondern sich in weitere zerlegen lassen. Feuer ist kein Stoff, sondern ein Vorgang.
70. Wie nennt man die Grundstoffe noch?
Elemente.
71. Was bezeichnet man als Element?
Alle Stoffe, welche sich in keine anderen Stoffe zerlegen lassen.
72. Wie viele solcher Grundstoffe oder Elemente sind uns heute bekannt?
Die zur Zeit erforschten sind 96.

73. Worin liegt die Erkennung eines Elementes?
In der Unveränderlichkeit seiner Eigenschaften.
74. Kommen diese 96 Elemente in gleichen Mengen auf der Erde vor?
Nein, Sauerstoff macht z. B. 50% des gesamten Erdgewichtes aus. Auf
18 Elemente entfallen 49% des Erdgewichtes und der Rest der Elemente
entspricht kaum 1% des Erdgewichtes.
75. Nenne einige Elemente!
Eisen, Kupfer, Blei, Gold, Zinn, Zink, Sauerstoff, Wasserstoff, Stick-
stoff, Schwefel usw.
76. Wie kennzeichnet der Chemiker diese Elemente?
Durch chemische Kurzzeichen.
77. Wie heißen solche chemischen Kurzzeichen?
H = Hydrogenium oder Wasserstoff,
O = Oxygenium oder Sauerstoff,
N = Nitrogenium oder Stickstoff,
C = Carbonium oder Kohlenstoff,
S = Sulfur oder Schwefel usw.
78. Welches ist der kleinste mechanische Teil eines Elementes?
Das Molekül.
79. Wie groß ist ein Molekül?
Auf ein Kubikmillimeter rechnet man etwa 30.000000 Moleküle.
80. Kann man ein Molekül weiter teilen?
Man kann ein Molekül weiter teilen, aber nicht mechanisch, sondern
chemisch.
81. Wie nennt man diesen kleinsten chemischen Teil?
Das Atom.
82. Was heißt Atom?
Dieses Wort kommt aus dem Griechischen von dem Wort „atomos" und
heißt unteilbar.
83. Wie groß ist ein Atom?
Als Kugel dargestellt hat es einen Durchmesser von 1 Zehnmillionstel
Millimeter.
84. Wie baut sich ein Atom auf?
Aus dem Kern (positiv) und den Elektronen (negativ).
85. Wie unterscheiden sich die Atome voneinander?
Je nach der Anzahl der Protonen (Atomkern) und Elektronen.
86. Sind alle Atome gleich schwer?
Nein, jedes Element unterscheidet sich vom anderen durch sein Atom-
gewicht.
87. Welches Gewicht diente zum Vergleich der Atomgewichte?
Das Gewicht des Sauerstoffes bezeichnete man mit 16, alle anderen
Stoffe bauten sich darauf auf.
88. Welcher Stoff hat das niedrigste Atomgewicht?
Wasserstoff mit 1,008.
89. Welcher Stoff hat das höchste Atomgewicht?
Das Curium mit 242.

90. Wie nennt man die Neigung der Atome, sich mit anderen Atomen zu verbinden?
Affinität.

91. Was besagt das Wort „Affinität".
Es heißt soviel wie Verwandtschaft, Zuneigung.

92. Wie nennt man einen Zusammenschluß von Atomen?
Ein Molekül.

93. Woraus besteht ein Molekül?
Es kann sich aus Atomen eines einzigen Elementes zusammensetzen oder aus Atomen verschiedener Elemente.

94. Wie nennt man ein Element, welches sich aus Atomen von verschiedenen Elementen zusammensetzt?
Dies nennt man eine chemische Verbindung.

95. Sind Verbindungen verschiedener Elemente beliebig möglich?
Nein, sie sind nur möglich nach den chemischen Grundgesetzen.

96. Welche chemischen Grundgesetze sind das?
Jedes Atom bzw. Element hat einen sogenannten chemischen Wert, welcher besagt, wieviel Atome eines einwertig bezeichneten Elementes wir nötig haben, um ein anderes gänzlich zu ersetzen.

97. Welche Wertigkeiten der Elemente gibt es da?
Es gibt ein-, zwei-, drei-, vier- und mehrwertige Elemente.

98. Nenne Elemente und deren Wertigkeit!
Wasserstoff ist z. B. einwertig,
Sauerstoff ist z. B. zweiwertig,
Stickstoff ist z. B. dreiwertig,
Schwefel ist z. B. vierwertig, kann aber auch zwei- und sechswertig sein.

99. Was erkennen wir an der Wertigkeit?
Die Zusammensetzung der Stoffe.

6. ABSCHNITT

Die Unterteilung der Chemie

100. Wie unterteilt man die Chemie?
In die organische und anorganische Chemie.

101. Wie unterteilt man die anorganische Chemie?
In Metalle und Nichtmetalle (Metalloide).

102. Wie unterteilt man die Metalle?
In Schwer-, Edel-, Leicht- und Alkalimetalle usw.

103. Womit befaßt sich die organische Chemie?
Sie befaßt sich mit den Stoffen aus dem Tier- und Pflanzenreich.

104. Womit befaßt sich die anorganische Chemie?
Sie befaßt sich mit den Stoffen aus dem Mineralreich.

105. Welche Stoffe rechnet man unter die Nichtmetalle?
     Schwefel, Wasserstoff, Stickstoff, Sauerstoff u. a. m.
106. Welche Stoffe zählen zu den Schwer- und Edelmetallen?
     Gold, Silber, Eisen, Nickel, Kupfer, Zinn, Zink usw.
107. Welche Stoffe fallen unter die Alkalimetalle?
     Z. B. Kalium und Natrium.
108. Was können wir in bezug auf die Stoffe daraus entnehmen?
     Wir können feststellen, zu welcher Gruppe man die einzelnen Stoffe
     rechnen kann.

7. ABSCHNITT

Die Arbeitsverfahren der Chemie

109. Womit befaßt sich die Chemie?
     Mit dem Aufbau und der Zerlegung der Stoffe.
110. Wie nennt man die Zerlegung eines Stoffes?
     Analyse.
111. In welche Stoffe kann man das Wasser zerlegen?
     In Wasserstoff und Sauerstoff.
112. Wieviel Teile von jedem sind im Wasser enthalten?
     Zwei Teile H = Wasserstoff und ein Teil O = Sauerstoff.
113. Wie kennzeichnet der Chemiker die Stoffe?
     Durch Formeln.
114. Wie bezeichnet man die Anzahl der in einer Verbindung enthaltenen
     Teile eines Elementes?
     Durch Ziffern, welche als Fußnote an das Kurzzeichen angehängt
     werden.
115. Wie analysiert man Wasser?
     Durch den Hofmannschen Apparat.
116. Was kann man mit diesem feststellen?
     Die Zusammensetzung des Wassers, und zwar 2 Teile Wasserstoff und
     1 Teil Sauerstoff, daher auch die Formel H_2O.
117. Wie nennt man den Aufbau eines Stoffes?
     Synthese.
118. Wieviel Synthesen gibt es?
     Unbestimmbar viele.
119. Stelle den Aufbau des Wassers formelmäßig dar!
     $2 H + O = H_2O$.

8. ABSCHNITT

Die beiden wichtigsten chemischen Vorgänge
bei der Arbeit des Friseurs

120. Was ist eine Oxydation?
Unter Oxydation versteht man die Aufnahme von Sauerstoff.

121. Nenne eine Oxydation!
Die Verbrennung.

122. Was wird bei einer Oxydation verbraucht?
Sauerstoff.

123. Was geschieht, wenn kein Sauerstoff vorhanden ist?
Dann kann keine Oxydation erfolgen.

124. Wie kann man dies feststellen?
Durch Versuche.

125. Beschreibe einen solchen Versuch!
In einen Teller mit Wasser stellt man eine brennende Kerze, hierüber stülpt man einen Meßzylinder.

126. Was ist hieraus ersichtlich?
Wenn der Sauerstoff verbraucht ist, erlöscht die Kerze und das Wasser steigt in den luftverdünnten Raum.

127. Wie nennt man das Gegenteil einer Oxydation?
Reduktion.

128. Woher kommt der Name Reduktion?
Aus dem Lateinischen und besagt soviel wie verringern, verkleinern, zurückführen und ähnliches.

129. Was bedeutet dieses Wort in der Chemie?
Entziehung von Sauerstoff.

130. Welchen Einblick erhalten wir bei einer Reduktion?
Oxydation und Reduktion gehören zusammen, da bei einer Oxydation das Oxydationsmittel Sauerstoff abgibt und sich dabei selbst reduziert.

131. Welches bekannte Oxydationsmittel verwenden wir in unserm Beruf?
Wasserstoffsuperoxyd.

132. Aus welchem Stoff erhält man Wasserstoffsuperoxyd nach seiner Reduktion?
$H_2O_2 - O = H_2O$ (Wasser).

133. Was ersehen wir aus der Formel?
Daß Wasserstoffsuperoxyd die Hälfte seines Sauerstoffes abgeben kann.

9. ABSCHNITT

Die Eigenschaften der chemischen Verbindungen

134. Wie entstehen die Laugen?
Laugen oder auch Basen genannt entstehen durch die Auflösung von Metalloxyden oder Metallen in Wasser.

135. Stelle eine Synthese formelmäßig dar!

$$Na + H_2O = NaOH + H$$
Natrium Wasser Natronlauge Wasserstoff
(dieser entweicht in die Luft)

136. Wie stelle ich eine Lauge fest?
Mit Lackmuspapier, Lauge färbt rotes Lackmuspapier blau.

137. Wie kann man eine Lauge noch feststellen?
Am Geschmack läßt sich eine Lauge leicht erkennen.

138. Wie ist die Wirkung der Laugen?
Sie ist ätzend und auf Haut und Haar von schädigendem Einfluß.

139. Welche Laugen finden in unserem Beruf Anwendung?
Kalilauge, Natronlauge und Salmiakgeist.

140. Wozu verwendet man sie?
Die beiden ersteren zur Seifenherstellung.

141. Wie wirken die Laugen?
Alkalisch.

142. Was muß bei alkalischen Mitteln beachtet werden?
Die Anwendung in der richtigen Konzentration.

143. Was ist das Gegenteil von einer Lauge?
Eine Säure.

144. Wie entsteht eine Säure?
Eine Säure entsteht, wenn sich Nichtmetalle mit Wasserstoff und Sauerstoff oder nur mit Wasserstoff verbinden.

145. Stelle eine Säure formelmäßig dar.

$$Cl + H = HCl$$
Chlor Wasserstoff Chlorwasserstoff (Wasserstoffchlorid)

146. Wie stelle ich eine Säure fest?
Am Geschmack läßt sich eine Säure leicht erkennen.

147. Womit kann man Säuren nachweisen?
Mit Lackmuspapier.

148. Welche Wirkung hat eine Säure auf Lackmuspapier?
Sie färbt blaues Lackmuspapier rot.

149. Wie ist die Wirkung einer Säure?
In konzentrierter Form wirken Säuren ätzend, sie sind stets mit äußerster Vorsicht zu verwenden.

150. Wozu benutzt man in unserm Beruf Säuren?
Zur Schönheitspflege (Entfernen von Warzen), zum Abziehen von mit Metallfarben gefärbtem Haar, zum Adstringieren.

151. Wie wirken die Säuren?
Gewebezusammenziehend.

152. Was muß man bei der Anwendung von Säuren beachten?
Daß sie in der richtigen Verdünnung angewendet werden.

153. Welcher Stoff nimmt den neutralen Punkt zwischen Säuren und Laugen ein?
Das destillierte Wasser H_2O.

154. Welchen Meßwert wendet die Wissenschaft an, um die Säuren und Laugen in seiner Stärke zu unterscheiden?
Zur Unterscheidung wird von der Wissenschaft der p_H-Wert angewandt.

155. Was heißt p_H-Wert?
p_H ist eine Abkürzung und heißt p = proportional (verhältnismäßig) und $_H$ ist die chemische Abkürzung für Wasserstoff.

156. Was bedeutet der p_H-Wert?
Der p_H-Wert bezeichnet den verhältnismäßigen Anteil der elektrisch geladenen Hydrogenatome (Wasserstoffatome).

157. Was bildet die Grundlage für die Bestimmung des p_H-Wertes?
Die Anzahl der in einer Flüssigkeit vorhandenen H-Ionen und OH-Ionen.

158. Wie nennt man den Punkt, bei dem beide Ionenarten zahlenmäßig gleich vorhanden sind?
Das ist der Neutralpunkt.

159. Wie stellt der Friseur den p_H-Wert fest?
Durch das ,,Universal-Indikatorpapier".

160. Wie geht man hierbei vor?
Das gelbe Indikatorpapier wird in die zu messende Flüssigkeit eingetaucht, worauf je nach Stärke der Alkalie oder Säure eine Umfärbung des Papieres eintritt. Mit Hilfe der angehefteten Farbskala kann man den durch Farbvergleich gefundenen p_H-Wert ablesen.

161. Welchen p_H-Wert darf eine Säure haben, welche der Friseur bei der Kundschaft anwendet?
Mindestens p_H-Wert 3,8.

162. Welchen p_H-Wert darf eine Lauge haben, welche der Friseur bei der Kundschaft anwendet?
Höchstens p_H-Wert 9,5.

163. Was ist durch das Vorhandensein *einer* Ionenart gleichzeitig mit bestimmt?
Das Vorhandensein der anderen Ionenart ist gleichzeitig mit der einen Ionenart mitbestimmt.

164. Wievielfach stärker ist die Ionenzahl eines p_H-Wertes gegenüber dem vorhergegangenen?
Die Ionenzahl jedes p_H-Wertes ist 10fach stärker bzw. schwächer als des vorhergegangenen.

165. Wie hoch ist der Unterschied der H-Ionen gegenüber den OH-Ionen beim p_H-Wert 7?
Es besteht kein Unterschied, denn es ist der Neutralpunkt.

166. Was entsteht meistens beim Zusammenkommen zweier verschiedener chemischer Stoffe?
Es entsteht ein neuer Stoff.

167. Was entsteht beim Zusammenkommen von Laugen und Säuren?
Auch ein neuer Stoff mit anderen Eigenschaften, nämlich ein Salz.

168. Welches ist das uns bekannteste Salz?
Unser Kochsalz.

169. Welche Bedeutung hat das Kochsalz für den Menschen?
Es ist ein Nährsalz und dient zum Aufbau unseres Körpers.

170. Wie wird Kochsalz gewonnen?
Durch Verdunstung von Meerwasser und Solen sowie durch Abbau.

171. Kann Kochsalz auch künstlich hergestellt werden?
Ja.

172. Wie geschieht das?
Auf chemischem Wege.

173. Stelle diesen chemischen Vorgang formelmäßig dar!
Natronlauge + Salzsäure = Kochsalz (Natriumchlorid) + Wasser

$$NaOH \ + \ HCl \ = \ NaCl + H_2O$$
Natronlauge   Salzsäure   Kochsalz   Wasser

174. Wie wirkt Salz auf Lackmuspapier?
Neutrale Salze wirken nicht auf Lackmuspapier.

175. Gibt es auch saure Salze?
Ja, sofern die Säure stärkemäßig oder mengenmäßig überwiegt.

176. Gibt es auch alkalische Salze?
Ja, wenn das Alkali mengen- oder stärkemäßig überwiegt, z. B. Soda, Borax.

177. Welche Arten von Salzen gibt es demnach?
Neutrale, saure und alkalisch wirkende Salze.

178. Mit welchem alkalischen Salz kommen wir in unserem Beruf häufig in Berührung?
Mit der Seife.

179. Wie begründet es sich, daß die Seife ein alkalisches Salz ist?
Da die Seife aus einer schwachen Fettsäure und einer starken alkalischen Lauge besteht.

180. Wozu dient Seife?
Als Reinigungsmittel.

181. Welche Unterteilungen gibt es bei der Seife?
Toilettenseife, Rasierseife, Haarwaschseife, Kernseife, Schmierseife usw.

182. Welche zwei Gruppen unterscheidet man nach ihren physikalischen Eigenschaften?
Man unterscheidet die harten und die weichen Seifen.

183. Gib eine schematische Darstellung der Seifengewinnung!

Lauge   Fette
Kali (Natron) und Wasser   Fettsäureglyzerin

die Seifenbildung
durch Hitze und Umrühren

Seife   Glyzerin
= Fettsaures Kali (Natron)   und Wasser

184. Wie stellte man früher die Seife her?
Man verbrannte Meer- und Landpflanzen, die daraus entstehendeAsche, welche Alkalien enthält, vermischte man mit Fett, dieses ging aber infolge des Kohlensäuregehaltes der Asche keine Verbindung damit ein, man trennte daher die Kohlensäure von den Alkalien, indem man sie mit gebranntem Kalk behandelte.

185. Welche Wirkung hat die Seife auf das Haar?
Sie laugt das Haar aus.

186. Worum bemühte man sich deswegen?
Eine Seife herzustellen, welche keine schädlichen Wirkungen auf das Haar hat.

187. Wie bezeichnete man die Seife?
Alkalifreie Seife oder Onalkali.

188. In welchem Jahr gelangte diese alkalifreie Seife zum erstenmal auf den Markt?
Im Jahre 1932.

189. Welche Vorteile hat sie gegenüber der alkalischen Seife?
Das Haar wird nicht ausgelaugt, sondern es behält seinen schönen Glanz.

190. Für welche Zwecke verwendet man heute noch die alkalische Seife?
Vor Dauerwellen, vor dem Färben usw., um das Haar besser aufnahmefähig zu machen.

191. Welche Seife verwendet man bei einer allgemeinen Kopfwäsche?
Die alkalifreie Seife.

192. Wie ist Toilettenseife in ihrer Wirkung?
Sie soll neutral sein, da Alkalien die Haut angreifen und auflösen würden.

193. Was sind Transparentseifen?
Transparent heißt durchsichtig, also klargesiedete Seifen.

194. Welche Seifen gehören zu den medizinischen Seifen?
Alle Seifen, die Stoffe enthalten, welche heilende Wirkung besitzen, z. B. Karbol, Teer, Schwefel, Brom u. a. m.

195. Welcher Unterschied besteht zwischen Rasierseife und den übrigen Seifen?
Die Verseifung erfolgt im Gegensatz zu den Toilettenseifen mit einem Gemisch aus Natron- und Kalilauge. Die einzelnen Fabriken haben besondere Rezepte.

10. ABSCHNITT

Die wichtigsten Chemikalien für das Friseurhandwerk

196. Mit welcher chemischen Verbindung kommen wir in unserm Beruf sehr viel in Berührung?
Mit dem Wasser.
197. Wie lautet die chemische Formel für Wasser?
H_2O.
198. Was besagt die Formel?
Daß das Wasser aus 2 Teilen Wasserstoff (Hydrogenium) und 1 Teil Sauerstoff (Oxygenium) besteht.
199. Gibt es unterschiedliche Arten von Wasser?
Ja, es gibt Brunnenwasser, Leitungswasser, Regenwasser, destilliertes Wasser u. a. m.
200. Welcher chemische Stoff steht dem Wasser formelmäßig am nächsten?
Das Wasserstoffsuperoxyd.
201. Wie lautet die chemische Formel für Wasserstoffsuperoxyd?
H_2O_2.
202. Was besagt diese Formel?
Daß hierin ein Teil Sauerstoff mehr vorhanden ist als im Wasser.
203. Wie erkenne ich, daß es sich um Wasserstoffsuperoxyd handelt?
Wenn ich eine Probe von Wasserstoffsuperoxyd zu Titansulfat gebe, tritt bei Gegenwart desselben eine Gelbfärbung ein. Ein zweiter Beweis würde angesäuerte Kaliumpermanganatlösung geben, welche sich auf Zusatz von H_2O_2 entfärbt.
204. Wieviel Sorten von Wasserstoffsuperoxyd kennt man im Handel?
Man kennt 3 Sorten.
205. Welche sind dies?
1. H_2O_2 30 Gewichtsprozent unter der Bezeichnung ,,Perhydrol''.
2. H_2O_2 30% medizinisch pharmazeutisch, chemisch rein.
3. Technisches H_2O_2 30 Volumen-%.
206. Wie lautet die Formel für die Herstellung von H_2O_2?

$$BaO_2 \quad + \quad H_2SO_4 \quad = \quad BaSO_2 \quad + \quad H_2O_2$$
Bariumsuperoxyd   Schwefelsäure   Bariumsulfat   Wasserstoffsuperoxyd

207. Was erkennt man an dieser Formel?
Man erkennt, daß kein Stoff verlorengeht.

208. Wie wird Wasserstoffsuperoxyd haltbar gemacht?
Es wird mit einer Säure stabilisiert.

209. Wie stelle ich den Prozentgehalt des H_2O_2 fest?
Mit einem Wasserstoffsuperoxydprüfgerät.

210. Woraus besteht das Prüfgerät?
Aus einem Meßzylinder, welcher nach vorn bauchig erweitert ist, einer Saugpipette und der dazu gehörenden Kupfersalzlösung.

211. Wie ist der Vorgang des Messens?
Man saugt mit der Saugpipette die zu messende Wasserstoffsuperoxydlösung an bis zur zweiten Markierung, führt dann die Saugpipette in das mit Kupfersalzlösung gefüllte Meßgerät ein und gibt dem Wasserstoffsuperoxyd Lauf bis zur ersten Markierung. An den Markierungen des Meßzylinders kann man dann den Prozentgehalt ablesen.

212. Wie errechne ich die Prozente einer Lösung?
Indem ich die angegebene Tablettenmenge (oder flüssiges Wasserstoffsuperoxyd in Kubikzentimeter) mit ihrer Wertigkeit multipliziere. Das erhaltene Produkt dividiere ich dann durch die Gesamtmenge (Flüssigkeit und Tabletten), dann erhalte ich die Prozente der Lösung.

213. Wieviel prozentig sind folgende Lösungen?
12 Tabletten auf $^2/_3$ Liter Wasser = 0,53%,
20 Tabletten auf $^3/_5$ Liter Wasser = 0,96%,
125 Tabletten auf 1,5 Liter Wasser = 2,3%,
44 Tabletten auf 220 cm³ Wasser = 5%,
10 Tabletten auf 300 cm³ Wasser = 0,96%,
17 Tabletten auf 314 cm³ Wasser = 1,54%,
31 Tabletten auf $^1/_4$ Liter Wasser = 3,3%,
5 Tabletten auf 145 cm³ Wasser = 1%.

214. Wieviel prozentig würden folgende Lösungen sein?
121 cm³ 24%iges H_2O_2 auf 0,753 Liter Wasser = 3,32%,
19 cm³ 29%iges H_2O_2 auf 1,25 Liter Wasser = 0,43%,
36 cm³ 20%iges H_2O_2 auf $^4/_5$ Liter Wasser = 0,86%,
28 cm³ 17%iges H_2O_2 auf 45 cm³ Wasser = 6,52%,
20 cm³ 15%iges H_2O_2 auf 285 cm³ Wasser = 0,98%,
37 cm³ 28%iges H_2O_2 auf $^4/_{10}$ Liter Wasser = 2,34%.

215. Wie heißt der Formelsatz für eine verlangte Lösung, wenn ich nur Menge und die Prozente der Lösung weiß?
Soll ich eine Lösung zusammenstellen, von welcher mir die Menge und Prozentigkeit schon bekannt sind, so muß ich die angegebene Prozentzahl mit der Lösungsmenge multiplizieren und das somit erhaltene Produkt durch die Wertigkeit des verfügbaren H_2O_2 dividieren. Die erhaltene Zahl ist dann die Tablettenmenge bzw. Kubikzentimeter Lösungsmenge; nach Abzug der Tablettenmenge ergibt sich dann die Flüssigkeitsmenge.

216. Wieviel Tabletten bzw. flüssiges H_2O_2 und wieviel Flüssigkeit benötige ich, um folgende Lösungen zusammenzustellen?

340 cm³   8%ige Lösung =   91 Tabletten und   249 cm³ H₂O,
1300 cm³   12%ige Lösung = 520 Tabletten und   780 cm³ H₂O,
½ Liter   3%ige Lösung =   50 Tabletten und   450 cm³ H₂O,
5 Liter   6%ige Lösung = 1000 Tabletten und 4000 cm³ H₂O,
0,750 Liter 15%ige Lösung = 375 Tabletten und   375 cm³ H₂O.

217. Wie soll die Lagerung des Wasserstoffsuperoxyds erfolgen?
Sie soll in dunklen Flaschen und kühl erfolgen.
218. Was ist insbesondere beim Füllen der Flaschen zu beachten?
Die Flaschen sollen nur drei Viertel voll gefüllt werden.
219. Worauf beruht die Bleichwirkung des Wasserstoffsuperoxyds?
Auf dem Freiwerden von Sauerstoff.
220. Wieviel Sauerstoff kann Wasserstoffsuperoxyd abgeben?
Es ist in der Lage, die Hälfte seines Sauerstoffes abzugeben.
221. Wie nennt man solche Mittel, welche in der Lage sind, Sauerstoff abzugeben?
Oxydationsmittel.
222. Was ist dann aus dem Wasserstoffsuperoxyd geworden, wenn es die
Hälfte seines Sauerstoffes abgegeben hat?
$H_2O_2 - O = H_2O$ (Wasser).
223. In welchen Gefäßen soll man Wasserstoffsuperoxyd nicht aufbewahren?
In Metallgefäßen.
224. Warum nicht?
Da Metalle auf Wasserstoffsuperoxyd zersetzend wirken.
225. Für welche Zwecke findet Wasserstoffsuperoxyd in unserem Beruf Anwendung?
Als Blondierungsmittel, bei der Verwendung von synthetischen organischen Haarfarben, als Fixierungsmitttel bei der Kaltwelle und lauwarmen Welle, als Desinfektionsmittel, in der Kosmetik als Haut-
bleiche u. a. m.
226. Welche chemische Verbindung beschleunigt die Wirkung des Wasserstoffsuperoxyds?
Der Salmiakgeist.
227. Wie heißt die Formel für Salmiakgeist?
NH_4OH.
228. Wie entsteht Salmiakgeist?
Ammoniakgas wird in Wasser geleitet.
229. Wie lautet die Formel hierzu?
NH_3 (Ammoniakgas) + H_2O (Wasser) = NH_4OH (Salmiakgeist).
230. Welche Eigenschaften besitzt Salmiakgeist?
Flüssig, farblos, hat einen stechenden Geruch und besitzt einen stark
ätzenden sowie alkalischen Geschmack.
231. Wie würde demzufolge sich Lackmuspapier verfärben?
Rotes Lackmuspapier wird blau gefärbt.
232. Wie stellte man früher Salmiakgeist her?
Aus Chlorammonium, welches mit Ätzkali zersetzt wurde.

233. Warum stellt man es heute nicht mehr so her?
Weil bei dem ungeheuren Verbrauch diese Methode unrentabel ist und Ammoniakgas als Abfallstoff gewonnen wird, was die Herstellung verbilligt.

234. Wozu verwendet man Salmiakgeist?
Man verwendet ihn zur schnelleren Entwicklung des Sauerstoffes, als Putzmittel, zur Farbenherstellung, zur Fabrikation von künstlichem Eis, als Mittel zur Verseifung, in der Färberei und Bleicherei und für viele andere Zwecke.

235. Wie schwer ist Salmiakgeist?
Er hat das spezifische Gewicht von 0,89.

236. Wie heißt die chemische Formel von Hirschhornsalz?
NH_4HCO_3.

237. Wird Hirschhornsalz in unserem Beruf angewendet?
Ja.

238. Für welche Zwecke wird es verwendet?
In den meisten im Handel befindlichen Bleichmitteln ist Hirschhornsalz enthalten.

239. Welche Wirkung hat es in den Bleichmitteln?
Es ersetzt den Salmiakgeist, und man braucht diese Bleichmittel nur mit Wasserstoffsuperoxyd anzurühren, dann sind sie sofort gebrauchsfertig.

240. Wie bezeichnet der Chemiker das Hirschhornsalz?
Ammoniumkarbonat oder genauer Ammoniumbikarbonat.

241. Wie heißt die Formel von Magnesiumkarbonat?
$MgCO_3$.

242. Wozu verwendet man es in unserem Beruf?
Zur Zusammenstellung von Bleichmitteln.

243. Welche Eigenschaften hat Magnesiumkarbonat?
Es ist ein weißes, nicht hygroskopisches, in Wasser unlösliches Pulver.

244. Was ist Kaliumpermanganat?
Ein stark sauerstoffhaltiges Salz.

245. Woran erkennt man es?
An der chemischen Formel.

246. Wie lautet die Formel für Kaliumpermanganat?
$KMnO_4$.

247. Wie bereitet man eine Kaliumpermanganatlösung?
Man löst 5 g übermangansaures Kali in 1 Liter Wasser.

248. Für welche Zwecke verwendet man in unserm Beruf Kaliumpermanganatlösung?
Zur Haarentfärbung.

249. Wie wendet man diese an?
Man feuchtet das Haar mit dieser Lösung gut an und läßt sie 30 Minuten einwirken. Hierauf wäscht man das Haar mit einer 10%igen Bisulfitlösung gut aus. Durch diese Spülung wird die Kaliumpermanganatlösung reduziert. Eine erweiterte Nachbehandlung mit Bisulfitlauge gibt dann den restlichen Sauerstoff frei. Durch diese Anwendung werden die im Haar befindlichen Farbstoffe vermindert.

250. Wofür findet die Kaliumpermanganatlösung noch Verwendung?
Bei Schlangenbissen, Phosphorvergiftungen, Blausäure- und Morphiumvergiftungen (starke Verdünnung). Außerdem in der Färberei, Zeugdruckerei sowie in der Photographie.

251. Was ist Chlorwasserstoffsäure?
Salzsäure.

252. Warum sagt man Chlorwasserstoffsäure?
Nach der chemischen Zusammensetzung.

253. Wie ist die chemische Zusammensetzung?
Chlor und Wasserstoff.

254. Wie ist die chemische Formel?
HCl.

255. Wie sind die Eigenschaften dieses Chlorwasserstoffes (Salzsäure)?
Farblos, von stechendem, saurem Geruch, an der Luft rauchend.

256. Wo kommt Salzsäure vor?
In geringen Mengen im Magensaft der Menschen und Säugetiere, wo sie
bei der Verdauung mitwirkt.

257. Wo wendet man Salzsäure an?
Als Adstringierungsmittel (20 Tropfen auf 1 Liter Wasser), als Abzugsmittel, zur Herstellung von Chlor und Chloriden u. a. m.

258. Welche chemische Formel hat Salpetersäure?
HNO_3.

259. Was besagt die Formel?
Daß sich Salpetersäure aus folgenden Grundstoffen zusammensetzt:
1 Teil Wasserstoff, 1 Teil Stickstoff und 3 Teilen Sauerstoff.

260. Welche Eigenschaft hat Salpetersäure?
Sie hat die Eigenschaft, sämtliche Metalle außer Gold und Platin zu
lösen.

261. Welche Eigenschaften hat Salpetersäure noch?
Sie ist eine stark ätzende, die Haut gelbfärbende rauchende Flüssigkeit
mit dem spezifischen Gewicht 1,52. Sie ist weiterhin eine der stärksten
Säuren und besten Oxydationsmittel. Sie wirkt auf alle organischen
Gewebe zerstörend.

262. Wie soll Salpetersäure aufbewahrt werden?
Möglichst in Flaschen mit Glasstopfen.

263. Wie heißen die Salze der Salpetersäure?
Nitrate.

264. Was ist Silbernitrat?
Höllenstein.

265. Welche chemische Formel hat Höllenstein?
$AgNO_3$.

266. Was besagt das Wort Nitrat?
Daß es sich um ein Salz der Salpetersäure handelt.

267. Wie ist die formelmäßige Darstellung des Silbernitrates (Höllenstein)?

$$Ag + HNO_3 = AgNO_3 + H$$
Silber   Salpetersäure   Silbernitrat   Wasserstoff

268. Wozu dient Silbernitrat beim Friseur?
Zur Herstellung von Haarfarbenregenerierungsmitteln.
269. Welche Eigenschaften hat das Silbernitrat?
Es bildet farblose leichtlösliche Kristalle, welche auch in Stangenform gegossen werden.
270. Wozu verwendet man den in Stangenform gegossenen Höllenstein?
In der Medizin zum Ätzen.
271. Was ist Blei?
Ein Element (Grundstoff).
272. Welche Eigenschaften hat Blei?
Blei ist bläulichweißes, weiches, dehnbares Metall, spezifisches Gewicht 11,4, Schmelzpunkt 330° C.
273. Welchen Nachteil hat Blei?
Sämtliche Bleiverbindungen sind giftig. Blei darf deshalb nicht zu Eß- und Trinkgefäßen verwendet werden.
274. Wofür wurde Blei in unserm Beruf verwendet?
Für Färbezwecke, dies ist jedoch nicht mehr erlaubt.
275. Was ist Kupfer?
Ein Metall, ein Element.
276. Welches chemische Zeichen hat Kupfer?
Cu = Cuprum.
277. Welche Eigenschaften hat Kupfer?
Es ist rot, glänzend, sehr dehnbar und fest. Der Schmelzpunkt liegt bei 1080° C, das spezifische Gewicht beträgt 8,92.
278. Wofür verwendete man Kupfer in unserm Beruf?
Für Haarfärbezwecke.
279. Wann war die Verwendung verboten?
In den Jahren 1897–1929.
280. Worin liegt die Hauptverwendung des Kupfers?
In der elektrischen Industrie, zur Herstellung von Leitungsdrähten, für Behälter in der Brauerei und Brennereiindustrie.
281. Was ist Alkohol?
Eine wasserhelle Flüssigkeit.
282. Welche chemische Formel hat Alkohol?
CH_3CH_2OH oder C_2H_5OH.
283. Woher stammt der Name Alkohol und was für eine Bedeutung hat er?
Der Name stammt aus dem Arabischen und besagt soviel wie „das Feine" oder „das Geistige".
284. Welches spezifische Gewicht hat Alkohol?
Das spezifische Gewicht ist 0,8.
285. Welche Ausgangsmaterialien dienen zur Herstellung des Alkohols?
Getreide, Kartoffeln, Mais, Zuckerrüben, zuckerhaltige Früchte, Pflanzensäfte u. a. m.
286. Welche Eigenschaften hat der Alkohol?
Weingeistigen Geruch, in konzentriertem Zustand einen stark brennenden Geschmack, brennbar mit nicht rußender, bläulicher Flamme. Alkohol ist stark hygroskopisch und wirkt reduzierend.

287. Welche Arten von Alkohol gibt es?
Äthylalkohol, Methylalkohol, Amylalkohol, Propylalkohol und einige weitere.
288. Wozu wird Äthylalkohol verwendet?
Als Genußmittel, für Konservierungszwecke usw.
289. Wozu verwendet man Methylalkohol?
Zur Herstellung von Lacken, als Zusatz zu Motorentreibstoffen, zur Formaldehydherstellung u. a. m.
290. Wo verwendet man Amylalkohol?
Bei der Parfümfabrikation, Fruchtaromenherstellung, als Lösungsmittel für Harze, Öle, Fette usw.
291. Welchen Verwendungszweck hat Propylalkohol?
Hauptsächlich für Haar-, Kopf- und Gesichtswässer.
292. Was ist Formaldehyd?
Eine chemische Verbindung von stechendem Geruch, es wirkt ätzend und stark desinfizierend (Formalin).
293. Woraus setzt sich Formaldehyd zusammen?
Aus Kohlenstoff, Sauerstoff und Wasserstoff.
294. Welche Formel hat es?
HCOH.
295. Wie gewinnt man Formaldehyd?
Indem man Dämpfe von Methylalkohol über glühenden Koks leitet und im Wasser auffängt.
296. Welche Eigenschaft hat Formaldehyd?
Es wirkt stark adstringierend.
297. Wo wendet man Formaldehyd an?
In der Kosmetik, als Antischweißmittel, zur Desinfektion von Instrumenten und Wäsche u. a. m.
298. Wie heißt die chemische Formel für Glyzerin?
$CH_2OH \cdot CHOH \cdot CH_2OH$.
299. Wobei wird Glyzerin gewonnen?
Es wird bei der Verseifung von Fetten ausgeschieden.
300. Welche Eigenschaften hat Glyzerin?
Glyzerin ist farblos, sirupdick, geruchlos, von süßem Geschmack, stark hygroskopisch und wirkt neutral.
301. In welchen Stoffen ist Glyzerin unlöslich?
In Benzin, fetten Ölen, Chloroform und Äther.
302. In welchen Stoffen löst sich Glyzerin?
In Wasser und Alkohol.
303. Wieviel beträgt das spezifische Gewicht des Glyzerins?
1,22.
304. Wo liegt der Siede- und Gefrierpunkt von Glyzerin?
Der Siedepunkt liegt bei 290° C, es ist schwer gefrierend —40° C.
305. Zu welchen Zwecken wird Glyzerin in der Hauptsache verwendet?
Als Gefrierschutz, als Zusatz zu Bleichmitteln und Dauerwellflüssigkeiten und zur Hautpflege.

306. Unter welchem Namen führt man Glyzerin noch?
Ölsüß, Lipyloxydhydrat, Glyzeryloxydhydrat und Scheelsches Süß.

307. Was ist Salizylsäure?
Salyzilsäure bildet feine nadelförmige Kristalle, welche in kaltem Wasser schwer, in heißem dagegen leicht löslich sind.

308. Wo verwendet man die Salizylsäure?
In der Kosmetik für Schälkuren und als Entfernungsmittel bei Leberflecken und Sommersprossen.

309. Wo kommt Zitronensäure vor?
In der Zitrone selbst, weiterhin in Johannisbeeren, Stachelbeeren, Heidelbeeren und außerdem als Ca-Salz in der Kuhmilch.

310. Wozu wird sie in unserem Beruf verwendet?
Sie wird wegen ihrer Geruchlosigkeit der Essigsäure beim Adstringieren vorgezogen.

311. Welche Verwendung findet die Zitronensäure noch?
Zur Herstellung von Limonaden und Brausen, in der Medizin bei Alkalivergiftungen, bei der Likör-, Konfitüren- und Schokoladenfabrikation.

312. Welche Anwendung findet Essigsäure in unserem Beruf?
Essigsäure wird wie Zitronensäure verwendet.

313. Welche Eigenschaften hat Essigsäure?
Sie ist eine farblose Flüssigkeit von stark saurem Geruch und Geschmack.

314. Wie wirkt Essigsäure?
Konzentriert wirkt Essigsäure stark ätzend.

315. Welche Essigsäure verwendet man in unserem Beruf sehr häufig?
Rasieressig zum Nachwaschen nach dem Rasieren.

316. Welche Wirkung hat der Rasieressig auf die Haut?
Der Rasieressig zieht die durch das Rasieren geöffneten Poren der Haut wieder zusammen.

317. Welche Art von Essigsäure empfiehlt sich für den Friseur?
Die chemisch reine Essigsäure.

318. Warum?
Weil sie keinen unangenehmen Geruch besitzt wie die technische Ware.

319. Was bedeutet Zuckersäure?
Oxalsäure.

320. Wie heißt die chemische Formel?
$C_2H_2O_4$.

321. Wie gewinnt man Oxalsäure?
Durch Erhitzen von Zucker mit Salpetersäure.

322. Welche Wirkung hat Oxalsäure auf den Menschen?
Sie ist giftig.

323. Wozu verwendet man Oxalsäure in unserem Beruf?
Der Haarfärber nimmt sie als Abzugsmittel.

324. Was ist Tannin?
Es ist eines der bekanntesten und hervorragendsten Haarregenerierungsmittel.

325. Wie erfolgt die Gewinnung des Tannins?
Die Gewinnung erfolgt aus Galläpfeln.

326. Wie sieht Tannin aus?
Es sind kleine glänzende Nadeln.

327. Wie ist das Lösungsverhältnis des Tannins?
In Alkohol löst sich Tannin leicht, bei Wasser dagegen ist ein Teil
Tannin in sechs Teilen Wasser löslich.

328. Wozu zählt Paraphenylendiamin?
Zu den Benzolabkömmlingen.

329. Wofür verwendet man Paraphenylendiamin?
Zur Herstellung von Haarfarbe.

330. Hat Paraphenylendiamin färbende Eigenschaften?
Nein, erst durch Aufnahme von Sauerstoff entsteht der Farbstoff.

331. Seit wann kennt man dieses farbstoffbildende Paraphenylendiamin?
Seit seiner Entdeckung im Jahre 1860.

332. Durch wen wurde das Paraphenylendiamin entdeckt?
Durch den Chemiker Hofmann.

333. Was veranlaßte die Menschen, die Haare damit zu färben?
Man verwendete es zuerst bei der Pelzfärberei und ging dann dazu über,
das menschliche Haar damit zu färben.

334. Welches war die erste Farbe mit Paraphenylendiamin?
Eine französische Haarfarbe, welche im Jahre 1883 zum Patent ge-
meldet worden war.

335. Welche Nachteile hatten diese Haarfarben?
Sie waren für den Menschen schädlich.

336. Was wurde daraufhin veranlaßt?
Die Verwendung von Paraphenylendiamin zu Haarfärbemitteln wurde
gesetzlich verboten.

337. Wie nannte man den Stoff, den man nach der Entgiftung des Para-
phenylendiamins erhielt?
Paratoluylendiamin.

338. Ist dieser Stoff völlig unschädlich für den Menschen?
Nein.

339. Warum nicht?
Es gibt immer noch einzelne Menschen, allerdings sehr wenige, welche
auch gegen diesen Stoff empfindlich sind.

340. Wie ist hier vorzugehen?
Indem vor jeder Erstfärbung eine Probe auf Idiosynkrasie vorgenommen wird.

341. Was heißt Idiosynkrasie?
Überempfindlichkeit gegen bestimmte Stoffe.

11. ABSCHNITT

Die praktischen Arbeiten des Friseurs

342. Was heißt Reaktion?
Reaktion ist das Aufeinanderwirken der Stoffe.
343. Woher stammt das Wort „Reaktion"?
Das Wort „Reaktion" stammt aus dem Lateinischen und besagt soviel wie Gegenwirkung, Gegendruck, die Einwirkung eines Stoffes auf den andern.
344. Kommt dies in unserem Beruf vor?
Ja.
345. Wobei gibt es Reaktionen?
Bei allen chemischen Vorgängen, z. B. Färben, Blondieren usw.
346. Was versteht man unter einer Reaktion?
Die Auswirkung, das Zusammenwirken der Stoffe.
347. Welche Auswirkungen können beim Färben vorkommen?
Das Wirken der Farbe auf die Haut.
348. Welche nachteiligen Auswirkungen kann das haben?
Es kann Idiosynkrasie, Sensibilität oder Anaphylaxie vorliegen.
349. Welche Auswirkungen sind immer auch zu beachten?
Das Aufeinanderwirken von Stoff und Haar.
350. Was besagt das?
Daß man die Struktur des Haares genau kennen muß.
351. Welches ist der wichtigste Werkstoff des Friseurs?
Das menschliche Haar.
352. Zu welchem Zweck dient dem Menschen das Haar?
Zum Schutz des Körpers gegen Verletzung, Regen, Kälte, Sonne und als Schmuck.
353. Wo wächst dem Menschen Haar?
Am ganzen Körper außer der Fußsohle und Innenfläche der Hand.
354. Wieviel Arten von Haaren kennen wir da?
Langhaare, Borstenhaare, Wollhaare.
355. Was sind Langhaare?
Dies sind die Bart- und Kopfhaare.
356. Was sind Borstenhaare?
Die Augenbrauen, Wimpern, die Ohr- und Nasenhaare.
357. Was sind Wollhaare?
Das sind die am ganzen Körper befindlichen Haare.
358. Was sind die chemischen Bestandteile des Haares?
Kohlenstoff, Sauerstoff, Stickstoff, Wasserstoff und Schwefel.
359. Wieviel Prozent sind von diesen Stoffen im Haar enthalten?
Kohlenstoff = 49,6%, Sauerstoff = 23,2%, Stickstoff = 6,4% und Schwefel = 4%.

360. Wie merkt man sich die chemischen Bestandteile?
An dem einfachen Wort „SCHON".
361. Was besagt das Wort?
Es besteht aus den chemischen Kurzzeichen der Grundstoffe im Haar.
362. Was bedeuten die einzelnen Kurzzeichen?
S = Schwefel, C = Kohlenstoff (Carbonium), H = Hydrogenium,
O = Oxygenium und N = Nitrogenium.
363. Wie ist der Aufbau des Haares?
Wurzel, Schaft und Spitze.
364. Wie nennt man die Wurzel noch?
Haarzwiebel oder Hohlwurzel.
365. Warum Hohlwurzel?
Weil die Wurzel eine Höhlung hat.
366. Was liegt in dieser Höhlung?
Die Haarpapille.
367. Was ist die Haarpapille?
Die Haarpapille ist der Lebensmittelpunkt des Haares.
368. Woraus besteht die Haarpapille?
Aus Kapillaren und Nerven.
369. Was sind Kapillaren?
Die kleinsten, feinsten Blutgefäße.
370. Wie erfolgt das Wachstum des Haares?
Von der Papille aus durch Verhornung der Zellen.
371. Welches ist da der älteste Teil des Haares?
Die Spitze ist der älteste Teil des Haares.
372. Wie werden dem Haar die Nährstoffe zugeführt?
Durch die Haarpapille.
373. Was würde eine Beschädigung der Haarpapille bedeuten?
Den Verlust des Haares.
374. Wo erhält das Haar seine Geschmeidigkeit?
Beim Verlassen des Haares aus der Epidermis befindet sich eine Talgdrüse, diese verleiht dem Haar die Geschmeidigkeit.
375. Was beeinflußt die Farbe des Haares?
Die Pigmentkörnchen.
376. Was heißt Pigment?
Farbstoff.
377. Welche Arten solcher Pigmentkörnchen gibt es?
Es gibt helle, rote und dunkle.
378. Wie entstehen die Haarfarben?
Je nach der vorhandenen Menge der einzelnen Pigmentkörnchen.
379. Gibt es auch Menschen ohne Pigment?
Ja:
380. Wie nennt man diese?
Albinos.
381. Woran erkennt man Albinos?
An ihrem schneeweißen Haar und roten Augen.

382. Gibt es auch Tiere ohne Pigment?
Ja.

383. Welche z. B.?
Weiße Mäuse, Angorakaninchen.

384. Wieviel Schichten hat das Haar?
Drei Schichten.

385. Wie heißen die drei Schichten?
Hornschicht, Rindenschicht und Markschicht.

386. Woraus besteht die Hornschicht?
Aus verhornten Haarzellen, sie bilden dachziegelartig den Schutz um das Haar.

387. Woraus besteht die Rindenschicht?
Aus Haarzellen und deren Verbindungen.

388. Woraus bestehen diese Haarzellen noch?
Aus Keratin, einem Hornstoff, zu den Proteïnen gehörig.

389. Aus welchen Grundstoffen setzt sich Keratin zusammen?
Aus Kohlenstoff, Sauerstoff, Stickstoff, Wasserstoff und Schwefel.

390. Wie groß ist so eine Keratinmizelle?
2—6 Mikron.

391. Was hält die einzelnen Zellen zusammen?
Eiweißbrücken.

392. Woraus bestehen diese Eiweißbrücken?
Aus Proteïnen.

393. Aus welchen Stoffen besteht dieses Proteïn?
Aus Stickstoff, Schwefel und Phosphor.

394. Was befindet sich noch in der Rindenschicht?
Das Pigment.

395. Was befindet sich in der Markschicht?
Haarmark und Lufträume.

396. Welche Lebensdauer hat ein Haar?
3—6 Jahre.

397. Wieviel beträgt durchschnittlich die Gesamtmenge der Kopfhaare bei einem Menschen?
80000—120000 Haare.

398. Wie errechnet man den durchschnittlichen täglichen Haarausfall bei einem Menschen?
Indem man die Gesamthaarmenge durch die Lebensdauer des Haares dividiert und dann durch 365 Tage teilt.

399. Errechne bei 100000 Haaren und 5 Jahren Lebensdauer den durchschnittlichen Tagesausfall!
54,7 = 55 Haare ist der normale Haarausfall.

400. Wieviel wächst das Haar?
Monatlich ungefähr 1—1,5 cm.

401. Wie lang kann ein Haar werden?
Bis 1,30 m.

402. Wo sitzen die Wurzeln des Haares?
Die Wurzeln des Haares sitzen in der Lederhaut (Cutis).

403. Wo sitzen die Wurzeln bei besonders starken Haaren?
   Im Unterhautfettgewebe (Tela sub cutanea).
404. Welches sind die Haupteigenschaften des Haares?
   Hygroskopität, Kapillarität und Elastizität.
405. Was heißt Hygroskopität?
   Hygroskopität heißt Feuchtigkeit anziehend.
406. Was heißt Kapillarität?
   Haarröhrchenwirkung.
407. Was bedeutet Elastizität?
   Dehnbarkeit.
408. Wieviel beträgt der durchschnittliche Durchmesser eines Kopfhaares?
   71 Mikron.
409. Was ist ein Mikron?
   $1/1000$ mm.
410. Wieviel beträgt im Durchschnitt die Stärke bei den Augenbrauen und
   den Wimpern?
   Augenbrauen 80 Mikron und Wimpern 76 Mikron.
411. Wieviel beträgt der Durchschnitt bei Kinnbart, Schnurrbart und
   Backenbart?
   Bei Kinnbart 125 Mikron, Schnurrbart 115 Mikron und bei dem
   Backenbart 104 Mikron.
412. Wieviel beträgt der Durchschnitt bei Nasenhaaren und Achselhaaren?
   Bei Nasenhaaren 56 Mikron und bei Achselhaaren 79 Mikron.
413. Wieviel Haare muß man nebeneinanderlegen, um die Breite von 1 mm
   zu erhalten bei Haaren mit folgenden Durchmessern?
   125, 115, 104, 80, 76, 56, 79 und 71 Mikron:
    8,   9,   10, 12, 13, 18, 13   14 Haare.
414. Wieviel Gramm kann man an ein Haar hängen, ehe es zerreißt?
   Durchschnittlich 92 g.
415. Stelle Versuche mit verschiedenen Haaren an, was stellt sich dabei
   heraus?
   Daß die Haltbarkeit bei jedem Haar anders ist.

Die Dauerwelle

416. Was hat die Dauerwelle mit der Chemie zu tun?
   Bei der Dauerwelle handelt es sich um eine physikalische und chemische
   Umwandlung des Haares.
417. Gab es vor 5000 Jahren schon Dauerwellen?
   Ja.
418. Was bestätigte dieses?
   Gräberfunde, Ausgrabungen, Schriftzeichen und Aufzeichnungen.
419. Wie führte man damals die Dauerwelle aus?
   Indem man das Haar auf kleine Bambusstäbchen bzw. Tierknochen auf-
   rollte und darauf mit heißem Schlamm mehrmals bedeckte.
420. Welche Haltbarkeit hatte die von den Ägyptern damals eingeführte
   Dauerwelle?
   3—4 Monate.

421. Wer führte diese Arbeiten aus?
Da es oft Tage in Anspruch nahm, wurden diese Arbeiten von Sklaven ausgeführt.

422. Womit verschönerte man damals noch die Frisuren?
Mit Lotosblumen und Elfenbeinhaarnadeln.

423. Wer beschäftigte sich im Anfang des 20. Jahrhunderts mit der Erfindung der Dauerwelle?
Der Schwarzwälder Karl Neßle.

424. Was veranlaßte ihn zu dieser Erfindung?
Die Erfindung der Ondulation durch den französischen Friseur Marcel.

425. Was wollte er mit seiner Erfindung erreichen?
Dem Haar eine Krause zu geben, welche wetterbeständig ist.

426. Was hatte er vorher beobachtet?
Daß gebranntes Haar in der Feuchtigkeit das schöne Aussehen verliert und daß naturkrauses Haar sich noch mehr kräuselt, wenn es der Feuchtigkeit ausgesetzt war.

427. Wo entdeckte er die gelockte Spiralform zuerst?
Bei einem Morgenspaziergang, bei den taubedeckten Pflanzen, welche sich unter Einwirkung der Sonne veränderten.

428. Was schloß er daraus?
Daß Feuchtigkeit und Wärme Zellen verändern.

429. Wann trat er mit seiner Erfindung das erstemal an die Öffentlichkeit?
1906.

430. Wie lange blieb er noch in Deutschland?
Bis 1910.

431. Warum verließ Karl Neßle Deutschland?
Weil er in Deutschland nicht unterstützt wurde, sondern man ihn sogar ablehnte.

432. Wohin begab er sich dann?
Zuerst nach England, später nach Amerika.

433. Was tat er dort?
Er vervollkommnete seine Erfindung und gründete in Amerika eine Dauerwellapparatefabrik unter dem Namen Charles Nestle.

434. Wann kam er wieder nach Deutschland?
Nach Beendigung des Weltkrieges.

435. Wie hoch belief sich damals der Preis einer Dauerwelle?
Etwa 60—80 Mark.

436. Was brachte eine Umwandlung auf dem Gebiet der Dauerwelle?
Das große Dauerwellpreisfrisieren am 4. 10. 1924 in Dresden.

437. Was wurde dort geboten?
Dort trat die Flachwicklung zum erstenmal in der Öffentlichkeit in Erscheinung.

438. Wer ist der Erfinder der Flachwicklung?
Josef Mayer, Karlsbad.

439. Welche Vorteile hat die Flachwicklung gegenüber der Bolzen- und
Spiralwicklung?
Daß nur die Spitzen sehr starke Krause haben und sich somit besser
wasserwellen lassen.

440. Was war die Folge dieser Erfindung?
Es entstanden Dauerwellapparate verschiedener Systeme.

441. Welche Systeme sind uns bekannt?
System der steigenden, fallenden, frei werdenden, der bleibenden und
bestehenden Hitze.

442. Welche Heizungsarten unterscheidet man?
Die Innenheizung, Außenheizung und kombinierte Heizung.

443. Welche Punkte sind bei der Ausführung der Dauerwelle zu beachten?
1. Die Vorbehandlung (Schneiden, Waschen usw.).
2. Die für das Haar abgestimmte Dauerwellflüssigkeit.
3. Sicher arbeitende Apparate.
4. Das exakte Wickeln.
5. Das richtige Heizen (Heizdauer).
6. Die Nachbehandlung (Abkühlen, Adstringieren usw.).

444. Ist das Dauerwellen ein physikalischer oder chemischer Vorgang?
Beim Dauerwellen handelt es sich um ein physikalisches Koch- und
Dämpfverfahren, dem das straff gewickelte Haar unterzogen wird,
hinzu kommt noch eine chemische Einwirkung, welche den Vorgang
beschleunigt.

445. Seit wann kennt man die Kaltwelle?
In der Öffentlichkeit ist sie nach dem Weltkrieg (1945) bekanntge-
worden.

446. Seit wann beschäftigt man sich mit der Kaltwelle?
Schon gleich nach der Erfindung der heißen Dauerwelle.

447. Was veranlaßte dazu, die Kaltwelle zu erfinden?
Man wollte krause Haare glatt machen.

448. Wer war der Erfinder der Kaltwelle?
Sie wurde im Jahre 1935 als britisches Patent und unabhängig davon
im gleichen Jahr als deutsches Patent angemeldet.

449. Wer brachte die Kaltwelle zur vollen Entwicklung?
Das durch den Krieg unberührte Amerika.

450. Wie wirkt das Kaltwellpräparat auf das Haar ein?
Es löst die Verbindung der Zellen.

451. Was ergibt sich damit?
Das Haar kann in die Form gebracht werden, wie man sie braucht.

452. Bleibt das Haar dann in dieser Form?
Nein.

453. Warum bleibt das Haar nicht in der Form?
Das Haar bildet noch eine bewegliche Masse, es muß noch gefestigt
werden.

454. Wie festigt man das Haar?
Indem es fixiert wird.

455. Was heißt fixieren?
Die Zellenverbindungen wiederherstellen.

456. Wie muß fixiert werden?
Das Haar muß in dem Zustand liegen, wie es fixiert werden soll. Soll es die krause Form bekommen, muß es auf dem Wickel fixiert werden.

457. Wie stark ist die Fixierlösung durchschnittlich?
½–1%ige Wasserstoffsuperoxydlösung (Gebrauchsanweisung beachten!).

458. Welches sind die zehn Punkte bei der Kaltwelle?
1. Die Gebrauchsanweisung des zur Verwendung kommenden Präparates genauestens beachten.
2. Bei Verletzung keine Kaltwellbehandlung vornehmen.
3. Die Kleidung der Kundin vor dem Präparat zu schützen.
4. Keine Metallkämme, Wickel, Klemmen, Nadeln oder Metallgefäße verwenden.
5. Das Haar in dünnen Strähnen, nicht straff, gleichmäßig und flach aufwickeln.
6. Das Haar gut mit der Kaltwellösung durchfeuchten und verhindern, daß die Kaltwellflüssigkeit auf die Kopfhaut kommt.
7. Während der Einwirkung durch einen Probewickel sich überzeugen, wie weit die Umformung vorgeschritten ist.
8. Erst mit klarem Wasser den aufgerollten Kopf abspülen, dann intensiv fixieren.
9. Verwendetes Material ist nach Gebrauch sofort zu waschen (Gummi, Wickler, Schwämme, Haube usw.).
10. Bei empfindlichen Händen diese schützen.

459. Welche Punkte muß ich kontrollieren, wenn ich Fehler ergründen will?
1. Meine Arbeit (genau überlegen, was könnte falsch gemacht worden sein).
2. Meine Werkzeuge, mein Material (Werkzeuge und Material daraufhin untersuchen).
3. Meine Kundschaft (etwaige Krankheit, Allergie, Immunität usw.).

460. Was kann man aus Fehlern erkennen?
Wie man die gemachte Arbeit besser machen kann.

Blondieren

461. Welches ist der Unterschied zwischen Blondieren und Bleichen?
Zum Blondieren gehören Bleichmittel und Blondiermasse, dagegen zum Bleichen nur Bleichmittel.

462. Seit wann blondiert man Haare?
Wenn man in der Geschichte zurückblickt, wollten viele Menschen schon immer blondes Haar besitzen.

463. Seit wann nahmen die Blondierungen zu?
Seit der Entdeckung des Wasserstoffsuperoxyds.

464. Wie stark soll ein Blondierungsmittel sein?
Der durchschnittliche Prozentgehalt an Wasserstoffsuperoxyd soll 6–8% betragen.

465. Was für ein Vorgang ist das Blondieren?
Ein Oxydationsvorgang.

466. Was wird beim Blondiervorgang oxydiert?
Der Sauerstoff oxydiert, das heißt, er verbrennt die Farbkörperchen zu farblosen Stoffen.

467. Wie beschleunigt man den Blondiervorgang?
Indem man dem Blondiermittel einige Tropfen NH_4OH beigibt.

468. Warum fügt man NH_4OH bei?
Dieses weicht die Hornschicht des Haares auf und hebt gleichzeitig die Säure, mit der Wasserstoffsuperoxyd stabilisiert ist, auf.

469. Wie reduziert sich Wasserstoffsuperoxyd in der Blondiermasse?
Es reduziert sich um die Hälfte des Sauerstoffes.

470. Was ist bei einer Ganzblondierung zu beachten?
Das Haar am Kopf ist zuletzt zu blondieren, da hier durch die Einwirkung der Körperwärme die Blondierung beschleunigt wird.

471. Welche Anforderungen muß ein vollendetes Blondiermittel erfüllen?
Man setzt voraus:
1. Kein Brennen der Kopfhaut.
2. Eine schwache alkalische Wirkung.
3. Kurze Einwirkungsdauer.
4. Gehalt von Haarschutzstoffen.
5. Kein Eintrocknen des Blondiermittels.
6. Schnelles und leichtes Auswaschen.
7. Erzielung eines schönen Tones.
8. Keine nachwirkenden Eigenschaften.

472. Wie lange läßt man eine Blondierung einwirken?
Bis man den Grad der Blondierung erreicht hat.

473. Wie unterbricht man einen Blondiervorgang?
Durch die darauffolgende Haarwäsche.

474. Was darf nach der Blondierung nicht vergessen werden?
Das Adstringieren.

Das Färben

475. Wie lange wendet man Haarfärbemittel schon an?
Schon die alten Ägypter 3000 v. Chr. färbten ihre Haare.

476. Woher wissen wir das?
Durch Gräberfunde, Aufzeichnungen und Schriftzeichen.

477. Mit welchen Mitteln färbte man damals?
Mit pulverisierten Pflanzen und Pflanzenextrakten.

478. Welches ist das wichtigste Mittel gewesen?
Das Henna.

479. Wie ist der wissenschaftliche Name für Henna?
Lawsonia inermis.

480. Welche Farbe ergibt Henna?
Henna ergibt eine hellrote Farbe.

481. Wie kann man diese Farbe verändern?
Durch organische Zusätze.

482. Was sind organische Zusätze?
Reng, Indigo, Sumach, Catechu, Persio u. a. m.

483. Welche Farbe ergibt Reng?
Reng ergibt eine schwarze Farbe.

484. Welche Farbe ergibt Indigo?
Indigo ergibt eine blaue Farbe.

485. Was ergibt Sumach für eine Farbe?
Sumach ergibt gelbliche Nuancen.

486. Womit färbte man noch?
Mit Nußschalen, Galläpfeln und verschiedenen Metallsalzen.

487. Was brachte eine Wendung in der Haarfärberei?
Das Paraphenylendiamin.

488. Welchen Nachteil hatte es aber?
Es wirkte sich auf die Gesundheit der Menschen ungünstig aus.

489. Was brachte bessere Erfolge?
Das entgiftete Paraphenylendiamin.

490. Welchen Namen trug dieses?
Paratoluylendiamin.

491. Wie nennt man die Farben, welche Paratoluylendiamin enthalten?
Oxydationsfarben.

492. Woraus besteht die Oxydationshaarfarbe?
Aus der Farbe selbst und dem Entwickler.

493. Wie wird die Farbe in das Haar eingelagert?
Zuerst müssen die Haarschuppen geöffnet sein.

494. Wie geschieht das?
Durch eine alkalische Vorwäsche oder Vorbeize.

495. Was kommt dann, wenn dies erfolgt ist?
Ich bereite meine Farbe vor (gebe den Entwickler zur Farbe) und trage
sie auf.

496. Was tut die Farbe?
Sie lagert sich in das Haar ein.

497. Was erfolgt mit der Farbe im Haar?
Die Farbe bildet durch Aufnahme von Sauerstoff (Entwickler) Farbmoleküle, welche sich sehr schnell vergrößern.

498. Wie muß deshalb die Farbe aufgetragen werden?
Schnell und gleichmäßig.

499. Kann man die Farbe wieder aus dem Haar auswaschen?
Nein, die Farbmoleküle haben sich derart vergrößert, daß sie nicht
mehr aus dem Haar entfernt werden können.

500. Wie lange dauert es, bis die Farbe ausoxydiert ist?
25—30 Minuten.

501. Woran kann es liegen, wenn das Haar keine Farbe annimmt?
Daran, daß es alkalifrei gewaschen und sauer nachgespült wurde.

502. Wie kann man dies beheben?
Durch die Vorbeize.

503. Wie setzt sich eine Vorbeize zusammen?
Man nimmt meistens 6 cm³ Wasserstoffsuperoxyd (30%iges),
10 cm³ Wasser,
14 cm³ verdünnte Seife,
5—6 Tropfen NH_4OH.

504. Warum verwendet man bei der Vorbeize auch Seife?
Um beim Haar eine Netzfähigkeit zu erzielen, damit die Vorbeize einen gewissen Stand auf dem Haar hat.

505. Was muß nach jedem Färben gemacht werden?
Das Haar muß adstringiert werden.

506. Was heißt das?
Die alkalische Wirkung muß aufgehoben werden.

507. Dringt bei Färbungen mit Metallhaarfarbe die Farbe auch in das Haarinnere ein?
Nein, diese bildet einen Mantel um das Haar.

508. Was muß unter allen Umständen bei einer Erstfärbung erfolgen?
Die Probe auf Idiosynkrasie.

509. Was ist vor Färbungen noch zu beachten?
Womit das Haar vorher gefärbt worden ist.

510. Was hat dann weiter zu erfolgen?
Das richtige Abstimmen der Farbe.

511. Welches ist die wichtigste Aufgabe beim Färben?
Das korrekte und schnelle Auftragen.

512. Was muß danach beobachtet werden?
Die Farbeinwirkung, die Farboxydation.

513. Was erfolgt danach?
Die entsprechende und richtige Nachbehandlung.

514. Wann muß ich eine Färbung vermeiden?
1. Wenn das Haar einen kranken Zustand aufweist, woran man erkennt, daß das Haar nur benachteiligt werden könnte.
2. Während der periodischen Indispositionen (Menstruation).
3. Während des Klimakteriums (Wechseljahre).
4. Bei Feststellung von Idiosynkrasie.
5. Bei Jod- oder Bromkuren.

515. Was gilt als erster Grundsatz für alle Arbeiten?
Erst richtig denken, überlegen und dann erst handeln.

SACHWORTVERZEICHNIS